示范校重点专业建设成果教材
职业教育技能型实用人才培养系列规划教材

CHENGSHI GUIDAO JIAOTONG

城市轨道交通车站设备

CHEZHAN SHEBEI

主　编　李　怡
副主编　李施其　杨昌玉
　　　　周益权　唐艳红

西南交通大学出版社
·成　都·

图书在版编目（CIP）数据

城市轨道交通车站设备 / 李怡主编. —成都：西南交通大学出版社，2018.9（2021.8 重印）
示范校重点专业建设成果教材　职业教育技能型实用人才培养系列规划教材
ISBN 978-7-5643-6430-4

Ⅰ.①城… Ⅱ.①李… Ⅲ.①城市铁路－车站设备－职业教育－教材 Ⅳ.①U239.5

中国版本图书馆 CIP 数据核字（2018）第 213363 号

示范校重点专业建设成果教材
职业教育技能型实用人才培养系列规划教材

城市轨道交通车站设备

主　编	李　怡
责任编辑	罗在伟
封面设计	何东琳设计工作室
出版发行	西南交通大学出版社
	（四川省成都市二环路北一段 111 号
	西南交通大学创新大厦 21 楼）
邮政编码	610031
发行部电话	028-87600564　028-87600533
网址	http://www.xnjdcbs.com
印刷	四川煤田地质制图印刷厂
成品尺寸	185 mm×260 mm
印张	9.5
字数	201 千
版次	2018 年 9 月第 1 版
印次	2021 年 8 月第 2 次
定价	38.00 元
书号	ISBN 978-7-5643-6430-4

课件咨询电话：028-81435775
图书如有印装质量问题　本社负责退换
版权所有　盗版必究　举报电话：028-87600562

市级中职示范校重点专业建设教材编写委员会

主　任　李　灿　彭　超

副主任　钟晓芬　田跃红

委　员（以姓氏拼音排序）

蔡　继	陈茂贤	蔡咏梅	邓文杰	戴　鑫	邓　宇
何　川	何加龙	何　鹏	黄永波	姜　雪	蒋　勇
匡　鹏	康元博	林　波	李　广	罗宏亮	刘　君
李进才	李施其	罗　潇	李小燕	李　怡	刘永平
彭月秋	庞远智	邱川鄂	任金花	冉原野	孙　静
苏　峻	孙纪胜	帅　林	涂　波	谭　忱	唐艳红
唐　炽	温承钦	吴　刚	王　焦	汪　亮	吴　鹏
王　谦	蔚衍娟	谢文静	夏晓波	肖应刚	杨昌玉
尹红安	袁　佳	杨　杰	杨炎锋	郑才敏	郑国秀
周海涛	赵甲进	张　余	张云川	张芸聆	周益权
张　睿					

总 序

近5年来,国家先后颁布了《国务院关于加快发展现代职业教育的决定》(国发〔2014〕19号)、《国家教育事业发展"十三五"规划》(国发〔2017〕4号)、《国务院办公厅关于深化产教融合的若干意见》(国办发〔2017〕95号),重庆市为贯彻落实国家颁布的相关政策文件,特制定了《重庆市人民政府关于加快发展现代职业教育的实施意见》(渝府发〔2015〕17号)等政策文件,大力推进职业教育改革发展。

为积极响应国家政策,更好地适应重庆经济转型和产业结构调整的需要,2014年,重庆市教委、市人力社保局、市财政局决定实施市级中等职业教育改革发展示范学校建设计划,2014—2016年,在全市范围内重点支持建设不超过30所市级中等职业教育改革发展示范学校。项目学校通过人才培养模式改革、专业课程体系建设、校企合作、师资队伍建设等,促进学校改革创新、内涵发展,成为全市中等职业学校改革创新的示范、提高质量的示范、办出特色的示范,在中等职业教育改革发展中发挥引领骨干和辐射作用,为经济社会发展培养高素质劳动者和高技能技术人才。

2016年8月,重庆市公共交通技工学校成功申报为市级中职示范校项目建设学校。经过两年的建设,在课程改革和教材建设上取得了可喜成绩,为进一步总结经验,固化成果,特组织骨干教师编写了20余门系列优质课程配套教材,并交由西南交通大学出版社审核出版。

本系列教材是在相关企业专家的悉心指导以及参与下完成的。教材以强化学生职业能力和培养综合素质为主线,以工作过程为导向,以典型工作任务和生产项目为载体,立足行业岗位要求,参照相关职业资格标准和行业技术标准,遵循中职学生成长规律、中职教育规律和行业生产规律进行开发建设。教材按照项目导向、任务驱动、模拟情境等教学模式要求，构建学习任务单元，注重学生可持续发展能力、创新能力、综合技术能力的培养，具有典型的工学结合特征。

  本系列教材是重庆市公共交通技工学校不断深化教学改革的结果，更是市级中职示范校建设的一项重要成果，其中凝聚了各位编审人员的大量心血与智慧，也凝聚了众多行业专家的智慧。同时，在编写过程中得到了有关兄弟院校的大力支持，在此一并表示诚挚感谢！希望该系列教材的出版能有助于促进中职相关专业人才培养质量的提高，能为交通运输类职业院校的教材建设起到积极的引领和示范作用。本系列教材涉及专业面广，加之编者对现代职业教育理念的学习和认知仍需不断地改进和提高，书中难免存在不妥之处，恳请专家、同行不吝赐教，以促使我们不断提高教材编写的质量和水平。

李　灿
2018 年 5 月

前言 PREFACE

为深入贯彻《国务院关于加快发展现代职业教育的决定》(国发〔2014〕19号)和全国职业教育工作会议精神,加强优质职资源建设,根据重庆市委、市政府《关于大力发展职业技术教育的决定》(渝委发〔2012〕11号)有关要求,重庆市教育委员、重庆市人力和社会保障局、重庆市财政局重庆市市级中等职业教学改革发展示范校建设工作。2016年8月,重庆市公共交通技工学校获批立项为重庆市第三批中等职业教育改革发展示范学校建设单位。

本书是重庆市公共交通技工学校示范校重点建设专业——城市轨道交通运输与管理专业的建设成果之一。本书是编者在总结多年教学经验的基础上,结合行业企业对轨道员工的要求,满足轨道企业对技能人才的需要,在重庆市公共交通技工学校《城市轨道交通运输与管理专业人才培养方案》和《城市轨道交通运输与管理专业课程体系》的框架下,严格按照《城市轨道交通车站设备课程标准》编写的。

本书遵循"以就业为指导,以服务为宗旨,以能力为本位"的职业教育方针,内容符合教学实际,契合未来岗位需求。全书共七个项目,分别为站台区设备,自动扶梯及楼梯,乘客服务设施,售检票区,安全设备区,低压配电及照明和环控系统,车站机电设备监控系统,按照项目任务的模式组织内容,旨在提升学生的城市轨道交通设备运用能力。本书在分析典型工作任务的基础上,将传统的学科知识按照工作过程的行动知识体系进行编排,以实际岗位工作为主线,使教学围绕工作实际,力求让学生能够直面一线现场,并有意识地将学习能力、专业能力和社会能力的培养融入其中,让学生对城市轨道交通设备有较深入的了解,具备正确运用设备的能力。

本书由重庆市公共交通技工学校李怡担任主编，李施其、杨昌玉、周益权、唐艳红担任副主编。本书在编写过程中参考了部分轨道设备的相关材料及文献、书籍，在此对这些专家和学者表示深深的谢意。鉴于编者水平有限，书中难免有不当之处，敬请广大院校师生提出意见和建议，以便再版时修订完善。

编 者

2018 年 5 月

目录 CONTENTS

项目一　站台区设备 ·· 1
　　任务一　安全门的认知、操作与应急处理 ······················ 1
　　任务二　综合后备盘的认知和操作 ································ 13
　　任务三　紧急停车按钮的操作 ······································ 16

项目二　自动扶梯及楼梯 ·· 21
　　任务一　车站出入口、楼梯、自动扶梯的认知 ··············· 21
　　任务二　电梯构造认知及故障处理 ································ 31
　　任务三　自动扶梯构造认知及故障处理 ························· 39

项目三　乘客服务设施 ·· 47
　　任务一　乘客信息系统的认知 ······································ 47
　　任务二　乘客导向标识系统的认知 ································ 57

项目四　售检票区 ·· 62
　　任务一　自动售检票系统的认知 ··································· 62
　　任务二　自动检票机的认知与操作 ································ 74
　　任务三　自动售票机的认知与操作 ································ 81
　　任务四　半自动售票机的认知与操作 ···························· 89
　　任务五　自动查询机的认知与操作 ································ 95

项目五　安全设备区 ·· 98
　　任务一　地铁火灾的认知 ·· 98
　　任务二　常见消防器材的使用 ······································ 102
　　任务三　地铁火灾的应急处理 ······································ 108

项目六 低压配电及照明和环控系统 …………………………115

    任务一 低压配电系统的组成和功能 ………………………115

    任务二 照明系统的组成和功能 ……………………………119

    任务三 环控系统的组成和功能 ……………………………123

项目七 车站机电设备监控系统 …………………………………127

    任务一 机电设备监控系统的组成 …………………………127

    任务二 机电设备监控系统的主要功能 ……………………132

    任务三 综合监控系统的认知与运营管理 …………………135

参考文献 ……………………………………………………………141

项目一

站台区设备

任务一 安全门的认知、操作与应急处理

安全门系统已广泛应用于地铁、轻轨等轨道交通中的高架和地面站台上,常见的有半高式安全门系统和全高式安全门系统两种。它沿站台边缘设置,将列车与站台候车区隔离。安装安全门系统,不仅可以防止乘客跌落或跳下轨道而发生危险,还可让乘客安全舒适地乘坐地铁、轻轨。

半高式安全门系统的门体高度在 1.5 m 左右(例如,重庆轻轨 2 号线高架站台上安装的半高式安全门高为 1.3 m),这样的高度可以让乘客很容易呼吸到户外新鲜的空气。半高式安全门的外观结构为敞开式,这种结构简化了安全门系统与土建的接口,使安全门安装简洁方便,非常适合现正在运营轨道线路中安全门的加装。全高式安全门系统的门体高度通常大于 2 m,对门体强度要求也高于半高式安全门,其造价也比半高式安全门系统高。

安全门系统在设计、制造、安装过程中都需充分考虑自身的可靠性,以及保证乘客的安全和行车安全,同时兼具多重安全与联锁保护措施。

本任务我们将学习关于安全门的相关知识。

- 了解安全门的概念;

- 掌握安全门的分类；
- 了解安全门的作用。

一、安全门概述

1. 安全门的发展概况

早在20世纪60年代，彼得格勒（现俄罗斯圣彼得堡）的地铁系统已采用类似安全门的钢门来保证乘客的安全。随后于1983年，法国自动化捷运系统VAL的里尔地铁生产商马特拉公司联合瑞士的玻璃门生产商共同为列车月台量身订造了自动滑门。里尔地铁也成为了世界上最早安装玻璃安全门的城市轨道交通系统。其后，欧洲及亚洲多个国家及地区的城市轨道交通系统相继安装采用安全门，安全门成为当时城市轨道交通系统的安全保护装置之一。

我国最早安装安全门系统的是广州地铁2号线，随后上海、深圳、天津、北京等城市的地铁也安装了地铁安全门。随着地铁屏蔽门的普及，国内多家安全门生产企业也逐渐打破了其核心技术被国外企业垄断的局面。深圳方大集团于2006年4月率先研发出了具有自主知识产权的国产化屏蔽门系统，并通过了国家评审，于2007年3月与深圳地铁签订了一号线续建工程地铁安全门系统安装的总承包合同，这也标志着我国地铁安全门产业已经进入世界先进行列。

2. 安全门的概念

城市轨道交通运营的特点是行车密度大、停站时间短、运送客流量大，而城市轨道交通车站的宽度有限，为乘客提供一个安全舒适的候车环境是随着轨道交通事业的发展而提出的一项新的要求。1976年，由美国交通部的都市运输研究和发展管理局颁发的《城市轨道交通环境设计手册》，首次提出了将城市轨道交通车站站台乘客区与轨行区通过气流或隔墙分隔开来，以达到节能的目的。采用气流进行分隔存在诸多问题且难以实施，建议采用隔墙分隔的概念，这一概念最终发展成为现在世界上不少城市轨道交通系统应用的安全门系统（Platform Screen Doors，PSD）。

站台安全门设在站台边缘，是将站台区域和列车运行区域相互隔开的设备，如图1-1-1所示。列车未进站时，安全门处于关闭状态；列车进站后，列车门与安全门严格对准，并使列车门与安全门联动开启，以供乘客上下车，待乘降结束后，列车门与安全门同时关闭。站台安全门的两个主要特点是节能和保证乘客候车安全。

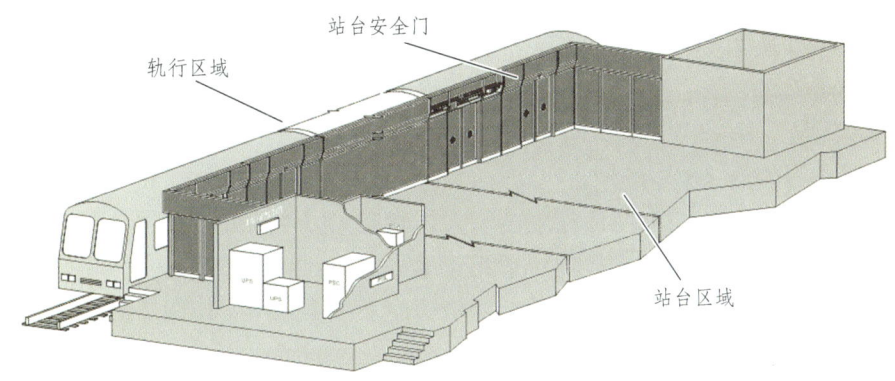

图 1-1-1 站台安全门

二、安全门的分类

安全门从封闭形式上可分为半封闭型安全门和封闭型屏蔽门。前者通常被叫作"安全门",起安全和美观的作用,适用于没有安装空调系统的站台,一般为地面站台或高架站台。后者通常被简称为"屏蔽门",适用于安装有空调系统的地下站台,是目前城市轨道交通最常用的一种安全门系统。

1. 封闭型安全门

封闭型安全门是一道采用自上而下的玻璃隔墙的活动门,沿着车站站台边缘和两端头设置,把站台候车区与列车进站停靠区分隔开,是具有密封性能的安全门,如图1-1-2 所示。这种类型的安全门主要用于地下站台,除具有保证乘客安全的作用外,还具有隔断区间隧道内气流与车站内空调环境之间的冷热气流交换的功能,所以这也要求屏蔽门的气密性良好,这样才能使车站与区间的热交换减小到最低限度,达到节能的目的。封闭型安全门的门体高度一般为 2 800～3 200 mm,因而多用于安装有空调系统的站台。

图 1-1-2 封闭型安全门

2. 半封闭型安全门

半封闭型安全门是一道不封顶的玻璃隔墙的活动门，如图 1-1-3 所示，有全高和半高两种形式。

（1）全高半封闭型安全门

全高半封闭型安全门的门体高度高于人体高度，门体顶部与站厅顶部之间有一段不封闭的空间，故不具有密封性能，适用于地下车站。与封闭型安全门相比，两者的结构形式基本相同，只是全高半封闭型安全门的上部不封闭。如图 1-1-3 所示。

图 1-1-3　半封闭型安全门

（2）半高半封闭型安全门

半高半封闭型安全门的门体高度不高于人体高度，不具有密封性能，由于它不能完全隔绝空气和噪声对乘客的影响，一般用于地面车站和高架车站。图 1-1-4 所示为香港地铁迪士尼线的半高半封闭型安全门，为了不遮挡米老鼠车窗，迪士尼线安全门的高度设置为 1.1 m，安全门亦退后安装了 30 cm。

图 1-1-4　香港地铁迪士尼线半高半封闭型安全门

三、安全门的安装方式

屏蔽安全门门体的安装方式有顶部悬挂和底部支撑安装两种。

1. 顶部悬挂安装

顶部悬挂安装是指整个屏蔽门的质量和水平载荷均由上部连接结构承担，滑动门、固定门、应急门、门机系统以及除门槛外的所有其他构件的质量荷载通过上部悬挂传递到站台顶板结构上，屏蔽门整个结构对站台板没有垂直载荷或垂直载荷较小，故此种方式主要适用于改造型地铁项目。

采用顶部悬挂安装安全门的主要特点如下：

（1）门体结构无承重立柱，结构相对简单，站台上的通透性更好。

（2）运行维修的重点在顶部，门体结构的变形检查、调节均需在顶箱内操作，因此安装、维护不太方便。

2. 底部支撑安装

底部支撑安装是指整个屏蔽门系统质量和水平载荷都由安装在站台底板上的屏蔽门立柱、底部支撑座承担，通过立柱及底部支承座将门体结构的重力载荷转移到站台板上的支承方式。

采用底部支撑安装安全门的主要特点是：

（1）门体结构的主要承重部件为立柱和底部支座，屏蔽门在站台的通透性相对上部悬挂安装方式要差。

（2）可在门立柱顶部轴套伸缩结构上预留一定的间隙用于调节土建结构的沉降量。门底部与站台板的安装间隙可控制在较小的范围内，相对美观。

（3）运行中的结构变形检查、调节均可在底部进行操作，安装维护较为方便。

四、安全门的作用

安全门作为站台公共区域与轨道列车之间的可控通道，能够在列车进站时配合列车车门实施打开和关闭动作，为乘客提供上、下车的通道。其主要作用包括：

（1）防止乘客或物品因车站客流拥挤或其他原因落入轨道，导致事故发生、延迟运营与增加额外成本，能有效保证列车的正常运营，为城市轨道交通实现无人驾驶创造条件。

（2）减少列车噪声及活塞风对站台候车乘客的影响，改善乘客候车环境。

（3）更好地管理疏导乘客，避免非工作人员进入隧道。

（4）减少站台区与轨道区之间气流的交换，降低空调系统的运营能耗。

（5）对车站整体空间布置进行简化，降低设备数量、土建工程量等投资建设成本，兼具良好的社会效益和经济效益。

五、安全门的特点

1. 安全性

地铁列车在隧道内运行时产生强烈的活塞效应，这样当列车进入站台时将会给站台候车的乘客带来被活塞风吹吸的危险。装设屏蔽安全门后，由于站台与隧道空间被屏蔽安全门隔离开来，当列车驶入站台停靠，列车门与屏蔽安全门完全对正时，屏蔽安全门才打开，此时乘客才能有序上下车，避免乘客探头张望和随车奔跑，也避免了候车人员及物品跌入站台轨道的危险。另外，屏蔽安全门上还安装了探测各种障碍物的传感器，一旦有障碍物存在，传感器发出的信息将促使屏蔽安全门再开闭机构动作，这样可有效地防止发生车门夹人、夹物的事故。

2. 降低运营管理成本

在某些乘客不多的车站，安装屏蔽安全门后，可以减少甚至不需要站台的接车人员，这将在一定的程度上降低地铁的日常运营管理费用。

3. 环保性

列车行驶时会产生一定的噪声污染，安装屏蔽安全门系统之后，站台屏蔽安全门在站台和轨道之间形成一道物理屏障，可以大大降低地铁候车站厅中的噪声污染。在那些利用活塞风通风的车站，活塞风经常把轨道上的垃圾和灰尘带至站台，设置屏蔽安全门后可将垃圾和灰尘拒之于屏蔽安全门外，使站台能保持一定的舒适度和清洁度。

4. 提升城市形象

采用屏蔽安全门，乘客们能够舒适、安全地候车，屏蔽安全门系统是一种新型装置，自动化程度高，能够增加乘客的安全感，对于塑造大都市的形象也很有帮助。

六、安全门系统的结构

安全门系统由机械部分和电气部分构成。机械部分主要包括门体结构和门机系统，电气部分包括控制系统和电源系统。

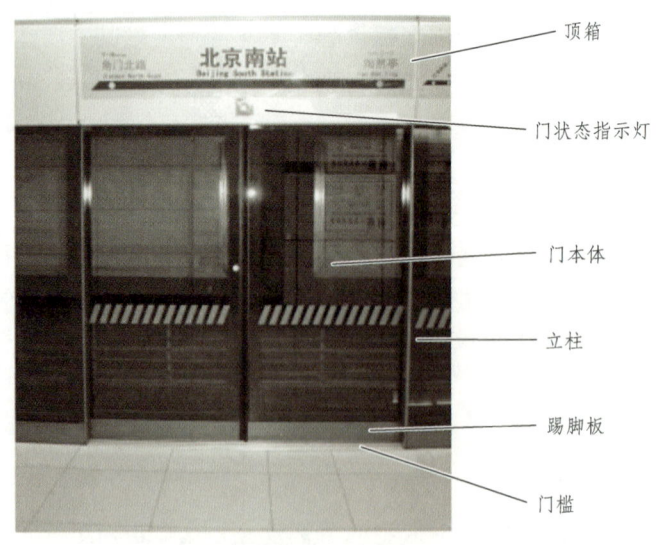

图 1-1-5　门体结构

（一）门体结构

门体结构主要由顶箱、门状态指示灯、门本体、立柱、踢脚板、门槛等部分组成。

1. 顶箱

顶箱上一般会设置一些导向标志，但其主要功能是对内部零件进行密封保护，并采取防电磁干扰措施。从材料选择和密封设计上来讲，顶箱既能减震，又能有效地屏蔽外界的电磁干扰。

2. 门状态指示灯

门状态指示灯是通过显示颜色、显示方式（常亮、闪烁等）来表示安全门所处的状态。

3. 门本体

门本体是机械结构中最重要的部分，一般可分为四类：滑动门、应急门、端门和固定门。

（1）滑动门

滑动门是指在列车进站时可以和车门同时开/关的门。其数量应与列车客室车门数量一致，并具有障碍物探测功能。正常情况下，滑动门的开/关应由门机驱动机构操作，由门控单元 DCU（Door Control Unit）控制。滑动门上设有手动开门扳手，紧急情况下，轨道侧的乘客可手动打开滑动门，工作人员可从站台侧使用专门钥匙解锁开门。

（2）应急门

应急门是在紧急情况下供乘客逃生用的门。一般来说，每节列车车厢都设置有一道应急门，在紧急情况下乘客能手动打开应急门逃生。应急门上设置有推杆，可通过推杆将门扇推向站台方向旋转 90°平开。

（3）端门

端门位于站台的两个端头，将乘客区与设备区分开。正常情况下由列车司机或车站工作人员手动开门。端门在轨道侧设有手动开门推杆，在站台侧设有门锁和隐蔽的开门机构。

（4）固定门

固定门设在双扇滑动门之间。在滑动门的间距，满足门本体结构强度、刚度的前提下，地铁系统一般采用整体式固定门。

4. 立柱

立柱及其下面的底座是主要承重结构，底部绝缘件与站台板通过螺栓连接，既保证牢固可靠，又可以保证安全系统与站台板地面绝缘隔离。

5. 踢脚板

踢脚板采用的是不锈钢材料，主要是用来防止乘客有意或无意地踢脏或踢碎门体玻璃。

6. 门槛

门槛一般采用铝合金材料，并在表面上用一种凸凹结构作防滑处理。门槛位于滑动门的下端，因为下端是乘客最有可能踏过的区域，其主要作用是保护乘客经过时不发生摔倒，同时防止乘客触电。

（二）门机系统

门机系统是屏蔽安全门滑动门的操作机构，主要由电机、传动装置、导轨与滑块总成、锁紧及解锁装置、行程开关和位置检测装置等组成。

门机系统具有以下技术特征：

（1）采用国内外成熟的直流永磁电机，电机调速性能和输出转矩均可满足门扇运动曲线和动力曲线的要求。

（2）传动装置采用皮带传动或螺杆传动。

（3）电机采用减振安装方式，拆卸方便，便于维修。

（4）锁紧及解锁装置具有自动和手动两种功能。

（5）轨侧手动解锁装置的设置便于在轨道侧开启且不利于在站台侧开启，尤其是半高屏蔽门。为避免乘客在站台侧伸手越过屏蔽门开启轨侧手动解锁装置，半高屏蔽门的解锁装置（尤其是滑动门）均采取了相应安全保护措施，包括设置高度和设置形式。

（6）对于半高屏蔽门，推荐采用一控制两驱动方式，即每道滑动门由一套门控单元（DCU）控制两套驱动电机，分别驱动左右门扇。

（三）电源系统

屏蔽安全门系统的供电电源为一类负荷，输入电源应为两路独立的三相 AC 380 V，50 Hz。为屏蔽门系统供电的电源自动切换箱应设置在各站的屏蔽门设备室内。

屏蔽安全门系统电源包括门机驱动电源和控制电源两种，两种电源分开配备。

为提高车站的美观性，地下车站全高封闭式屏蔽安全门门体顶箱上设置照明灯带，配备照明灯带电源设备，与屏蔽安全门系统用电分开配备。

对应每节车厢的四道滑动门至少分四路进行交叉配电，以保证其中一路电源发生故障时，其他三道滑动门能可靠持续供电。

屏蔽安全门系统应配有 UPS 和蓄电池组作为备用电源。正常情况下，由交流配电箱供电。当发生故障停电时，由 UPS 和蓄电池组对屏蔽安全门系统供电，且备用电源的容量应保证能使屏蔽安全门控制系统在 30 min 内对每侧滑动门开关操作至少 3 次。

（四）控制系统

屏蔽安全门控制系统的主要作用是与信号系统进行信息交换，对屏蔽门的开门、关门进行控制，保证屏蔽门的开门、关门与列车车门动作同步。关门过程中，控制系统还具备障碍物探测功能。

1. 控制系统的组成

控制系统包括中央控制盘（PSC）、就地控制盘（PSL）、门控单元（DCU）和就地控制盒（LCB）以及控制局域网、软件、监视报警装置和网间通信协议转换器、安全继电器回路设备、通信介质及通信接口模块等。

（1）中央控制盘（PSC）

PSC 设置在站台一端的屏蔽门设备室内，包括至少两个单元控制器，分别控制两侧站台的屏蔽门。

（2）就地控制盘（PSL）

PSL 设置于每侧站台的列车始发端站台上方便列车司机和站台工作人员操作的位置。在系统级控制失效时，供列车司机或站台上的工作人员向各 DCU 发出开、关门指令，实现站台级控制。

（3）门控单元（DCU）

DCU 设置在全高封闭式屏蔽门滑动门上方的顶箱内和半高屏蔽门的固定侧盒内。

每道滑动门设 1 套 DCU，用以接收信号系统、IBP、PSL 各控制点发来的开/关门控制命令来控制门的运动，同时采集和发送门状态信息及各种故障信息。

（4）就地控制盒（LCB）

LCB 包括自动/手动/隔离三位开关以及相应控制按钮（也可采用自动/手动关/手动开/隔离四位开关）。每个门单元设置一套，位于 DCU 附近或与 DCU 结合设置。

（5）控制局域网及通信接口

PSC 与控制系统的各部分以及与其他相关专业之间的连接方式可分别采用数据线连接、硬线方式、继电器方式。

2. 控制模式

操作屏蔽门系统原则上在驾驶室进行，信号系统为屏蔽门系统提供开门、关门控制信号。如果信号系统发生故障则由司机通过 PSL 进行操作。在控制系统发生故障的情况下，站务人员可在站台侧用钥匙或由乘客在轨道侧手动将门打开。列车无法定点停车时，乘客可推开应急门。区间疏散时乘客可从端门通过。

屏蔽门系统应可实现系统级控制、站台级控制、手动操作三级控制方式。三种控制方式中手动操作的优先级最高，系统级最低。

（1）系统级控制

系统级控制是在正常运行模式下，由信号系统对屏蔽门进行开／关门的控制方式。列车进站停在信号系统允许误差范围内后，信号系统自动打开列车门，同时将"到站列车编组信息"和"开门信号"送至屏蔽门系统，屏蔽门控制系统把上述命令下达至与到站列车对应的每一个门控单元（DCU），以控制相应的滑动门打开。

列车司机按下关门按钮时,列车门关闭,关门命令通过与开门相同的途径送到DCU,滑动门关闭。屏蔽门系统确认相应编组列车所有的 ASD/EED 关闭且锁紧后,通知信号系统发车。

紧急状态下值班员可通过设置在车站控制室的综合后备盘(IBP)对屏蔽门进行操作,打开屏蔽门。

(2)站台级控制

站台级控制是在非正常情况下,即系统级控制发生故障的情况下,由列车司机或站务人员在站台 PSL 上进行屏蔽门开/关的控制方式,以及在信号系统开/关门信号发出后,滑动门没有动作的情况下,列车司机可对站台侧的 PSL 进行操作,打开/关闭所有的滑动门。

如果某一个滑动门不能关闭而影响发车,司机/站台值班员在确认没有危险的前提下,可在 PSL 上手动解除屏蔽门系统与信号系统的联锁,发车离站。

所有屏蔽门系统出现的非正常情况,均能在车站综合控制室进行显示和报警。站台级控制也具备对应不同编组列车的开门功能。

(3)手动操作

手动操作是当控制系统故障或个别控制回路或某些屏蔽门的传动装置发生故障时,站务人员在站台侧用钥匙进行屏蔽门的开/关门操作,或由列车通过广播,指导乘客在轨道侧打开屏蔽门。

当运营期间个别滑动门故障不能参与正常开关门时,可操作设置在滑动门上方的就地控制盒(LCB),使该道门与整个控制系统隔离,先保障正常的运营,待停运后再进行维护。

七、安全门系统的使用与常见故障

在信号系统正常工作时,由于安全门和信号系统的联动性,如果安全门意外打开,则列车无法进站,如果安全门无法关闭,则列车也无法出站。因此,作为车站工作人员必须及时处理安全门故障,保障列车的安全运行。地铁运营公司的有关安全门故障处理的总体原则是在保障安全的前提下,优先保证行车。

常见的安全门故障有以下几种:

1. 单对滑动门无法正常关闭

根据信号系统的工作过程,只有所有的安全门关闭且锁紧后,PSC 才会发送门全关闭的信号到信号系统,信号系统才允许列车离站。因此,当单对滑动门无法正常关闭时,列车将无法出站,此时工作人员必须及时到现场查看原因,如果不能立即解决,应将该对滑动门断电后再送电,如还未成功,则需要切断该对滑动门与信号系统的联动性,保证列车出站并留守提醒乘客不要靠近故障屏蔽门,从而保证乘客安全和减少列车延误。

2. 多对滑动门无法正常关闭

当多对滑动门无法正常关闭时,可以先采用PSL关闭该侧所有滑动门,如未关闭成功,则需要通过就地控制盘PSL上解除互锁,发出强制发车信号。

3. 单对滑动门无法正常开启

单对滑动门无法正常开启时,会影响乘客的上下车,给乘客带来不便,此外还有可能会出现滑动门意外打开的情况,存在一定的安全隐患。

4. 多对滑动门无法正常开启

多对滑动门无法正常开启时,对乘客下车速度有很大影响,容易造成上下车时间过长,站台乘客秩序混乱等突发状况。

5. 站台安全门玻璃破碎或破裂

当安全门发生破碎或破裂现象时,首先要保证乘客的安全,防止乘客或物品掉入轨道,还要防止列车进站时的活塞风造成安全门的爆裂。具体处理要点如下:

(1)指派工作人员在故障站台站岗监护,以防止乘客或物品掉入轨道。

(2)设置故障指示牌,提醒乘客远离故障安全门,防止乘客受伤。

(3)将破碎玻璃用封箱胶纸粘贴,防止突然爆裂,如已破碎应马上进行处理,同时防止玻璃碎片掉入轨行区。

(4)上报运营控制中心,并要求列车进出站时进行相应的限速。

(5)通知故障报警中心。

表1-1-1 安全门的认知、操作与应急处理——任务检查单

任务编号	1-1-1	任务名称	安全门的认知、操作与应急处理		
序号	检查内容			是	否
安全门					
1	叙述安全门的发展史				
安全门的认知					
2	叙述安全门系统的功能				
3	叙述安全门控制系统的组成				

续表

任务编号	1-1-1	任务名称	安全门的认知、操作与应急处理		
序号		检查内容		是	否
		安全门的分类			
4	安全门从封闭形式看可以分为封闭型和半封闭型				
		安全门故障处理			
5	叙述地铁安全门系统				
6	叙述单个安全门故障处理方法				
7	叙述安全门的作用				
		安全门的门体结构			
8	安全门的门体结构由顶箱、门状态指示灯、门本体、立柱、踢脚板、门槛组成				
9	门本体结构是站台安全门机械结构最重要的组成部分,按照结构和功能可分为4类(滑动门、应急门、端门和固定门)				

1. 安全门按封闭形式可分为哪几种?
2. 安全门的作用有哪些?
3. 安全门按结构功能分可分为哪几类?

事故案例

上海轨道交通一号线上海体育馆站下行(往莘庄方向)站台上,一名青年男性乘客在上车时被夹在屏蔽门和已开动的列车之间，跌入隧道当场死亡。

上海地铁运营有限公司表示，当时列车蜂鸣器与屏蔽门灯光已经发出警示，列车即将开动。在这种情况下，这名乘客仍强行上车，由于车内拥挤，他未能挤进车厢。这时，屏蔽门已经关闭，列车正常启动，这名男子遂被挤压坠落隧道。

事故发生后，车站立即拨打急救电话，将这名男子送往医院。不过，这名男子在送往医院前已经死亡。

请小组讨论：如果你作为站务员或者列车司机，该怎么避免此类事情的发生？

任务二　综合后备盘的认知和操作

任务描述

综合后备盘（Integrated Backup Panel，IBP）是为提高紧急情况下车控室值班人员的防灾救灾能力而设置的。当在中央、车站网络或计算机设备发生故障时，车控室值班人员可通过IBP盘对车站重要的机电设备进行手动控制。

IBP盘的操作盘面一般由钥匙按钮、指示灯、带灯按钮、标识等单元模块组成，采用固定框架整合而成。根据IBP盘的盘面布置大致可分为中集成和分量两种模式。

中集成模式：将车站的所有系统（或设备）的应急操作按钮和状态指示灯集成为一个操作盘，主要包括空调通风、给排水、动力照明、自动扶梯、安全门、门禁、人防门、防灾报警、自动售检票等系统和设备。

分置模式：相对集成模式而言，就是BAS系统（通风空调、给排水、动力照明等）与其他系统（或设备）的应急操作盘各自独立设置。

本任务我们将学习IBP盘的构成及相关操作。

任务目标

- 了解IBP盘的构成及功能；
- 掌握IBP盘的紧急控制操作。

一、IBP 盘的构成

IBP 盘一般由上下两部分组成，上层部分为 IBP 盘面，主要设置指示灯和按钮，用于显示设备运行状态和控制操作，下层部分为设备操作台，主要放置各专业系统的设备，如显示器、调度电话、监视器等以及相关的辅助设备。车站监控室 IBP 盘与各专业系统通过电缆采用硬结点方式进行连接，其构成主要有工作电源、盘面布置的各专业操作控制按钮、信号状态指示灯、闭锁开关、时钟、相应各专业设备编号等。IBP 盘面上划出的各分区对不同系统的设备进行监控。各分区有清楚文字描述及线条划分。

二、IBP 盘的主要功能

正常情况下，由控制中心调度人员指挥全线路的运行。在特殊情况下，如控制中心失去功能时，则整个地铁线路可降级运行，由各车站直接完成运行管理，此时 IBP 盘就起到了一定的作用。

三、IBP 盘的紧急控制操作

在正常运营情况下，值班员对系统的操作控制通过各系统的操作工作站实现。当出现紧急情况时，操作员采用人工介入方式通过 IBP 盘进行运行模式操作和某些设备的紧急模式操作。通过 IBP 盘对本车站进行应急管理，为故障处理或抢险争取第一时间，车站监控室的 IBP 盘控制级别高于其他所有专业的所有操作级别。举例如下：

（1）在车站发现有人掉下站台，车站监控室值班员发现情况后紧急操作如下：操作 IBP 盘上的供电系统紧急停电按钮，使本车站轨道区域内停电；操作信号系统的紧急控制按钮，使即将进入车站的列车紧急停车，并联锁相邻车站的信号设备，闭锁进入本车站的线路；操作广播系统，播报本车站的紧急信息；紧急启动摄像机，监视现场，站台摄像机对准整个站台，使车站值班员可以直观地监视车站。

（2）区间或车站发生火灾、阻塞等情况，车站监控室值班员发现情况后通过 IBP 紧急操作如下：供电系统、信号系统、广播系统、闭路电视监控系统的操作与上述相同；遇火灾等危险情况时，要启用消防专用电话；将本站自动售检票系统所有闸机（进、出站）全部开启，便于所有旅客疏散；将所有安全门开启，紧急疏散停站列车上的旅客；启动环境与设备监控系统相应模式下的各种风机、照明等设备；启动火灾自动报警系统，包括火灾区域相应的隔断门、风机、消防设施等；启动乘客信息系统的紧急模式运行，导向标识引导旅客疏散方向。

（3）总之，通过车站监控室的 IBP 盘可以完成紧急情况下各专业主要设备的紧急控制，快速有效地控制事故扩大及事故处理。每条线的 IBP 盘控制设备可能根据需求不同控制内容有所增减，但主要控制设备不会变化，如信号、供电、自动售检票系统等。主要原则是从面向设备、乘客两方面考虑，车站监控室 IBP 盘主要用于车站降级模式运行的管理。

表 1-2-1 IBP 盘的认知和操作 ——任务检查单

任务编号	1-2-1	任务名称	IBP 盘的认知和操作		
序号	检查内容			是	否
	IBP 盘的构成				
1	叙述 IBP 盘的组成				
	IBP 盘的主要功能				
2	说明 IBP 盘的主要功能				
	IBP 盘的紧急控制操作				
3	通过 IBP 盘对本车站进行应急管理，为故障处理或抢险争取第一时间，车站监控室的 IBP 盘控制级别高于其他所有专业的所有操作级别				

1. 简述 IBP 盘的构成。
2. 叙述 IBP 盘的主要功能。

综合后备盘（IBP 盘），放置在地铁车站综合控制室内，由 IBP 面板、PLC（BAS 专业提供）、人机界面终端（其他专业提供并安装）、监控工作台构成。当出现车站值

班操作员在车站设备服务器或者人机界面出现故障时,通过IBP盘对本车站进行应急管理。或在紧急情况下,直接操作IBP盘上按钮、钥匙开关等,采用人工介入方式进行运行模式操作和某些设备的远程单动操作。发出的控制信号输入IBP盘PLC。由PLC发出联动控制指令和某些设备的远程控制指令。另外,PLC通过通信接口和FAS报警控制器连接,接收FAS报警控制器直接传来的火灾模式指令,并将火灾模式信息转送到现场冗余PLC和BAS工作站。

任务三　紧急停车按钮的操作

紧急停车按钮(ESB按钮)安装在地铁等轨道交通车站每侧站台的适当位置,每侧站台设置2个,主要为公众和站台监督人员使用。在紧急情况下,比如发生人员掉下站台等危及乘客安全的突发事件时,可以通过按压站台上的紧急停车按钮,禁止列车自区间进入站台、禁止停在站台的列车出发进入区间、对已启动而尚未完全离开车站的列车进行紧急制动停车,从而实现对车站封锁的功能。

触发紧急停车按钮,系统出于保护的目的,会在站外设置一个停车点,让列车慢慢停下,现场确认无异常情况后,车站控制室才会恢复正常运营,但这会造成列车延误,所以只有紧急情况发生才可以按紧急停车按钮,正常情况下严禁触动站台紧急停车按钮。

本任务我们将学习紧急停车按钮的相关知识。

- 了解站台停车系统;
- 了解紧急停车站台管理模式;
- 说明车站控制室的操作。

一、站台停车系统

城市轨道交通车站停车系统包括在站台每侧指定位置设置的站台紧急停车按钮（PEP）和站台监察亭、车站控制室综合后备盘（IBP）上设置的紧急停车开关（ESS）等。其中，PEP 由旅客应急操作，ESS 由运营工作人员操作。紧急情况下，按下站台监察亭、车站控制室 IBP 盘上的 ESS 或车站站台上的 PEP，禁止列车自区间进入车站，实现车站股道封锁的功能；禁止已停在车站的列车出发进入区间，对于已启动但尚未完全离开车站的列车，应实施紧急制动停车。

紧急停按钮与线路上需防护的区域相关联，一般在站台及车控室 IBP 盘上设有紧急停车按钮，该按钮通过安全型继电器与联锁子系统接口，当紧急停车按钮被激活后，紧急停车继电器将会失磁落下。在 CBTC 模式下，联锁子系统会将紧急停车按钮状态发送至区域控制器，通过区域控制器给每列车的车载设备持续发送紧急停车区域的状态。

（1）若列车在紧急停车区域运行则触发紧急制动，直到紧急停车按钮不再被触发时才允许运行，只有在获得 ATS 调度员授权后，方可以人工驾驶模式驶出保护区域。

（2）若列车接近紧急停车区域，则在保护区域前停车，且禁止进入保护区域，但人工驾驶模式除外。

在非 CBTC 模式下，联锁子系统会根据紧急停车状态，关闭与保护区域相关联进路内的信号机。值班员可通过设置于 IBP 盘上的紧急停车取消按钮来复原紧急停车状态。

二、站站控制模式下紧急停车系统实现方案

（一）紧急停车系统普遍采用站站控制管理模式

信号系统设备均只在本站留有继电器接口，本站继电器电路仅将站台 PEP、站台监察亭 ESS 和车站控制室 ESS 依次串联起来，当站台出现紧急情况时，操作任何一个 PEP 或 ESS，均可实现列车紧急制动。解除列车紧急制动时，仅需恢复相应紧急停车按钮/紧急停车开关即可。站与站之间继电器电路没有任何硬线连接，均为独立的电路。该控制模式为分散式控制，这就要求每个车站均需配置相应工作人员，但无法区分是由乘客还是工作人员操作按钮开关引起的列车紧急制动。

（二）站群控制模式下紧急停车系统实现方案

"站群控制"管理方式，除控制中心（OCC）外，各轴心站均具有监控邻近卫星站的能力。当 OCC 出现不能指挥运营局面时，需把控制权转换至车站控制室。各轴心站除可监控其本身车站范围内的信号设备外，还可监控属于其群组车站（即卫星站）的能力。若卫星站为信号设备集中站，则具有监控该站信号设备的能力，而一般卫星站只有监视其车站范围内信号设备的能力，没有控制信号设备权。

卫星站站台及车站控制室操作以一个卫星站为例，操作 PEP 或 ESS 后，卫星站及其对应轴心站的指示灯、警铃报警的显示方式如下：

（1）一旦在站台按压 PEP，或在站台监察亭/车站控制室内转动 ESS 至 STOP 位置，在相关车站控制室和 OCC 的 ATS 工作台显示 STOP，ATP 授权的前进信号立即被解除，同时在硬线连接的 ESS 盘上（轴心站），给出闪烁的 STOP 指示并给出声响报警。当车站控制室（轴心站）的 ESS 设在 STOP 位时，声响报警将消失并给出稳定的 STOP 指示。

（2）如果在车站控制室（轴心站）的 ESS 没有被转至 STOP 位置时就释放 PEP，或转动站台监察亭/车站控制室内的 ESS 至 GO 位置，声响报警将持续给出，ATP 授权仍然被禁止，并以闪烁的 STOP 指示灯来显示。只有在车站控制室（轴心站）ESS 先设置在 STOP 位置，然后再设回在 GO 的位置时，才能恢复 ATP 授权，并消除声响报警和 STOP 指示。

（3）如果释放 PEP 或转动站台监察亭/车站控制室内的 ESS 至 GO 位置前，车站控制室（轴心站）的 ESS 选择在 STOP 位，然后再转回 GO 位置，则报警声响再次发出和闪烁 STOP 指示灯。

（4）操作 PEP 后，将车站控制室（轴心站）的 ESS 设在 STOP 位置可以切断报警声响。在调查引起操作的原因，并检查符合安全条件后，则可将 PEP 解锁。解锁操作也会有声响报警并点亮 STOP 指示灯，在车站控制室（轴心站）的 ESS 选择 GO 位置，可以恢复 ATP 的使用并切断声响报警和消除所有的显示灯。

（5）站台监察亭/车站控制室内的 ESS 声响报警和指示灯显示，跟上述车站控制室（轴心站）内的 ESS 声响报警和指示灯显示一致。

（三）车站控制室操作

另一个启动紧急停车程序的办法是将车站控制室（轴心站）的 ESS 设在 STOP 位置，而无须操作 PEP。该操作将禁止 ATP 输出授权行车指令，点亮 ESS 盘上（轴心站）的 STOP 指示灯，并在相关车站和 OCC 的 ATS 工作台上显示 STOP，但没有声响报警。当将 ESS 转回 GO 时，显示将恢复成声响报警和 STOP 指示灯灭，须分别维持在关闭和熄灭状态。

项目一　站台区设备

表 1-3-1　紧急停车按钮的操作——任务检查单

任务编号	1-3-1	任务名称	紧急停车按钮的操作		
序号		检查内容		是	否
		站台停车系统			
1	叙述车站紧急停车系统设备操作				
		站站控制模式下紧急停车系统实现方案			
2	叙述紧急停车系统普遍采用站站控制管理模式				
3	叙述站群控制模式下紧急停车系统实现方案				
4	说明车站控制室的操作				

1. 如何操作车站紧急停车系统设备？
2. 简述站站模式下紧急停车系统实现的方案。

乘客误按紧急停车按钮的案例

2014 年 7 日 15 时 17 分，一名 12 岁的小女孩与爷爷一起在郑州桐柏路站乘坐地铁时，小女孩由于好奇，误按压开往市体育中心方向站台层柱子上的紧急停车按钮，导致列车短暂停驶 1 min。

据了解，在小女孩误按压按钮后，车站行车值班员通过 CCTV 监控和设备报警得到信息后立即通知值班站长到现场处理，经值班站长现场确认是误按后，行车值班员

19

报告行车调度员，并在得到同意后对紧急停车按钮进行复位。

据郑州轨道交通运营分公司相关人士介绍，在紧急停车按钮被按压后，郑州地铁控制中心立即联系由西流湖开往市体育中心方向的电客车司机，电客车司机立即采取限速、停车等紧急措施，由于车站工作人员及时复位，电客车司机随即恢复正常行驶，影响时间约 1 min。

请小组讨论：作为工作人员怎么才能有效地防止乘客误按紧急停车按钮？

项目二

自动扶梯及楼梯

任务一 车站出入口、楼梯、自动扶梯的认知

任务描述

　　自动扶梯和楼梯是轨道交通车站中主要的升降设施。在客流高峰时，由于楼梯和自动扶梯的通过能力有限，大量的乘客将会在楼梯和自动扶梯口处排队等候，导致乘客进出站时间延长，弄清乘客在楼梯和自动扶梯处的延时原因，有利于车站运营效能的充分发挥。

　　乘客从站外经检票进入车站付费区，通过楼梯和自动扶梯到站台，这是一个随机的过程。由于检票口与楼梯和自动扶梯的通过能力相当，乘客进入站台，先受检票口通过能力约束，使得超过检票口通过能力的客流被暂时安排在检票口外排队等候检票，因此通过检票口的乘客不会受到楼梯和自动扶梯通过能力的约束而另行排队。但乘客在出站时，特别是在客流高峰期，大量的乘客从列车上下来，并且在较短的时间内通过楼梯和自动扶梯到达站厅出站，这也导致一部分乘客在楼梯和自动扶梯处排队等候。若乘客排队等候的时间超过了列车发车间隔，则等候的乘客越来越多，造成楼梯和自动扶梯处越来越堵。

　　本任务我们将学习关于自动扶梯、楼梯的相关知识。

任务目标

- 掌握车站出入口的设计；
- 懂得如何分析楼梯客流；
- 掌握自动扶梯的构造及原理。

一、车站出入口、楼梯、自动扶梯的认知

（一）车站出入口的选址

以地铁为主的城市轨道交通系统以运量大、速度快、节能环保、独立性强等特点成为缓解城市交通压力的首选交通方式。城市轨道交通系统是技术复杂、涉及面广、投资巨大的系统性工程。车站出入口选址问题虽是整个系统工程的一小部分，却是与广大乘客有着直接联系，并且是影响轨道交通系统运营效能的关键部分之一。

出入口是车站的门户，连接了车站的外部空间和内部空间，是乘客进出站的通道。车站一般设置有多处地面出入口，与人行横道连接，这有利于乘客的快速集散、换乘，因此其选址显得尤为重要。出入口的选址一般要考虑车站远期运营客流、客流时空分布情况和站址环境，同时兼顾车站规模、车站埋深和平面布置、地形地貌、城市规划、环境条件和运营条件等因素。

（二）城市轨道交通车站出入口的设计

1. 出入口类型

（1）敞口式：入口部不设顶盖及维护墙体的出入口，如图 2-1-1 所示。为人员安全考虑，周围应设围栏，并应考虑风沙、雨雪等天气影响，考虑排水措施及踏步冰冻防滑等措施。

图 2-1-1　车站敞口式出入口

（2）半封闭式：入口部设有顶盖、周围无封闭维护墙体的出入口，如图 2-1-2 所示。

图 2-1-2　车站半封闭式出入口

（3）全封闭式：入口部设有顶盖及封闭维护墙体的出入口，如图 2-1-3 所示。此类出入口有利于车站内部环境的清洁，便于运营管理。

图 2-1-3　车站全封闭式出入口

2. 车站出入口位置

地铁设计规范中规定：地铁车站出入口的位置通常按照吸引客流和疏散客流的要求设置，通常与主客流的方向相一致，宜与过街天桥、过街地道、地下街、临近公共建筑物相结合或连通，统一规划，同步或分期实施。实际设计中，出入口的位置与地铁车站站位有关。由于多数车站采用跨路口设置，且"十"字交叉路口为人流密集和流线较为复杂的地带，若车站在城市中心区域，周边商业圈较成熟，在设计中还要注意与周边商业的结合。近几年，地铁车站设计修建出入口时，均考虑了兼做过街通道使用。这种设计要求出入口通道宽度及站厅相应部位应考虑过街客流。

3. 地下出入口的形式

地下车站出入口按平面形式一般有"一"字形、"L"形、"T"形三种基本形式和由基本形式变化的其他形式，如图 2-1-4 所示。

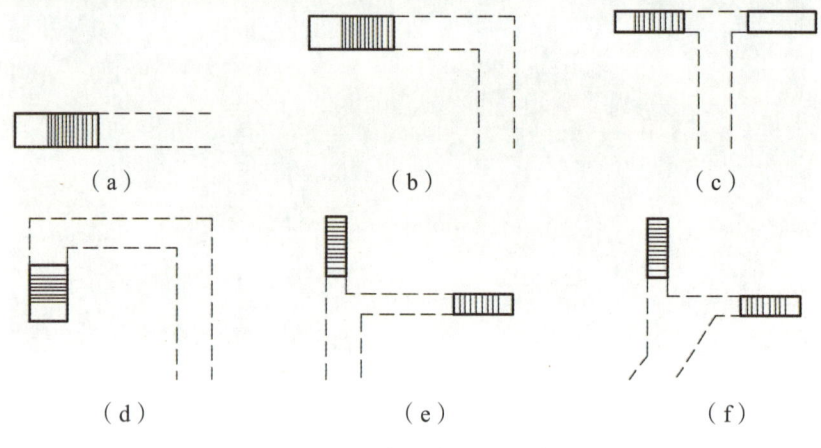

图 2-1-4　车站出入口形式

4. 地铁车站出入口数量

根据《地铁设计规范》（GB 50157—2003）中规定：车站出入口数量应根据吸引与疏散客流的要求设置，但不得少于两个。原则上，根据客流计算出入口数量时，应选择站点远高峰期小时双向客流中较大的客流量作为最大客流量 Q_{max}。由于现实中要考虑突发事件的发生，因此要合理增设一个或数个通道长度短并且能够直通地面的敞开式应急出入口，以满足救援与疏散的需要。

5. 车站出入口的宽度

地铁车站出入口宽度按照车站远期预测超高峰小时客流量经过计算确定，但是由于客流量存在突发性和不均匀性，为避免事故发生，故通道设计宽度要有一定的富余量。《规范》中对出入口宽度有明确的规定：每个出入口宽度应按远期分向设计客流乘以 1.1～1.25 的不均匀系数计算确定。出入口的最小宽度一般不小于 2.5 m。考虑到紧急情况下，乘客不可能有序地进行逃生，所以，对某些站点出入口在设计宽度上再适当加宽。实际出入口宽度还应根据平面布置等实际情况确定。

6. 车站出入口地面建筑景观设计

随着地铁线网的不断扩展，地铁建筑已经作为城市建筑的一部分，对城市景观产生一定的影响。因此，出入口设计不仅要满足吸引、疏散客流的需要外，还应满足城市规划和城市景观的要求。比较有特色的是北京地铁雍和宫站，它是地铁二号线与地铁五号线的换乘车站，周边有雍和宫、国子监、孔庙等游览胜地。雍和宫站装修设计采用了代表文化气息的中国红为主色调，楼梯配合汉白玉雕花围栏设计，使乘坐地铁游览雍和宫的游客在下车后即可感受到古文化气息。雍和宫周边建筑均以古建筑为基础，因此现代化的出入口地面亭即显得不协调。此站出入口采用与雍和宫相匹配的具有中国传统特色的红色墙面和琉璃瓦的设计风格，巧妙的是出入口与雍和宫围墙成为一体，使整个车站完美地融入了地面建筑中。

二、楼梯的基本概念

城市轨道交通枢纽内主要有两种楼梯形式：无中间平台楼梯与有中间平台楼梯。楼梯由梯段、平台以及手扶栏杆组成，用于解决高差问题，一级台阶由踢面和踏面组成，平台的主要作用是便于乘客交通换乘和中途休息，手扶栏杆主要是保证乘客的安全，尤其是在拥挤的时候。楼梯有一定的坡度，整个楼梯坡长可以分解为水平距离和垂直距离。

楼梯的坡度、踏步宽度、台阶高度以及有无中间扶手等都会影响乘客流速度的大小。

三、楼梯布设规定

1.《地铁设计规范》GB50157—地铁设计规范2013规定

每个车站均应在付费区域内至少设一座楼梯，其通行能力相当于一台自动扶梯，以便在自动扶梯不能运转时仍能保证站内乘客的疏散。

车站应至少设一座供工作人员和消防人员使用的楼梯，该楼梯宜设在工作人员较集中的管理用房区内，楼梯宽度不得小于1.2 m，踏步尺寸建议采用0.17 m×0.25 m。此宽度不计入紧急疏散楼梯宽度。

2. 设计标准

踏步高：乘客使用为0.15～0.16 m，工作人员使用为0.16～0.175 m。

踏步宽：乘客使用为0.28～0.32 m，工作人员使用为0.25～0.28 m。

乘客使用的楼梯，其踏步尺寸原则上采用0.15 m×0.30 m。

车站内公共区楼梯每个梯段的踏步级数应不小于3级，不大于18级。

楼梯休息平台宽：1.2～1.5 m。

楼梯宽度：单向楼梯宽度不小于1.8 m，双向楼梯净宽不小于2.4 m。

当楼梯净宽大于3.6 m时，应在中间增设道扶手。

楼梯口部栏杆高：1.1 m，楼梯梯段栏杆高：0.9 m。

3. 其他规定

（1）车站站台公共区的楼梯、自动扶梯、出入口通道，应满足当发生火灾时在6 min内将一列进站列车所载的乘客及站台上的候车人员全部撤离站台到达安全区的要求。

（2）站台上的楼梯和自动扶梯宜纵向均匀设置。

（3）站台和站厅公共区内任一点，与安全出口疏散的距离不得大于50 m。

（4）乘客使用的楼梯宜采用26°34′倾角。

四、楼梯客流分析

城市轨道交通枢纽内，垂直方向上的楼梯行人运动既具有水平方向上行人运动的共性，又具有不同于水平方向上的运动特性。具体表现在以下几个方面：

1. 楼梯上乘客步速小于水平通道上乘客步速

乘客在上行楼梯时需要消耗较多的体力，行走速度一般小于水平方向的行走速度；乘客在下行楼梯时，更加需要注意台阶的位置以防踩空，所以行走速度同样小于同等情况下水平方向上的行走速度。

2. 乘客个体速度差异较小

由于受到楼梯坡度、台阶宽度和高度的影响，同一时刻尤其是在较为拥挤的条件下，楼梯上行走的乘客的速度差异并不是特别明显。

3. 乘客运动主要是径直方向运动而非左右方向摆动

受空间的约束，乘客在楼梯上左右方向超越前方乘客，具有一定风险性，乘客之间步速差异较小，更加倾向于跟随前者的路线行走。

4. 超越现象极少发生

乘客行走速度有可能受到前面行人的影响，这就要求后面的乘客具有一定程度的耐心，可以跟随前面的乘客放慢步速。因为楼梯位置狭小，几乎没有多余的空间留给后面的乘客进行超越。

5. 楼梯、自动扶梯通过能力的验算

站台层事故疏散时间计算

$$T = l + \frac{Q_1 + Q_2}{0.9[A_1(N-1) + A_2 B]}$$

式中　l ——发生事故的反应时间，min；

　　　Q_1 ——列车的乘客数；

　　　Q_2 ——站台上候车乘客和站台上的工作人员数；

　　　A_1 ——自动扶梯的通过能力；

　　　A_2 ——人行楼梯的通过能力；

　　　N ——自动扶梯的台数；

　　　B ——人行楼梯的总宽度。

考虑到 1 台自动扶梯损坏不能运行的几率，($N-1$) 台自动扶梯和人行楼梯通行能力按 9 折减。《地铁设计规范 GB 50157—2003》8.3.9 条规定"站台层的事故疏散时间应按不大于 6 min 验算"，是指在远期高峰小时客流量时发生火灾的情况下，6 min 内将一满载列车乘客和站台候车的乘客及工作人员全部安全撤离站台。候车人数按列车发车 30 对/h，2 min 一列计算；工作人员一般按 20 人计算。

五、自动扶梯

1. 自动扶梯

自动扶梯，亦称电动扶梯（Escalator）或自动行人电梯、扶手电梯、电扶梯，是一种以运输带方式运送行人的运输工具。电动扶梯一般是斜置，行人在扶梯的一端站上自动行走的梯级，便会自动被带到扶梯的另一端，途中梯级会一路保持水平。扶梯在两旁设有跟梯级同步移动的扶手，供使用者扶握。

例如，重庆为有名的山城，地势陡峭，电梯、扶梯就成了重庆人上下出行的交通工具。皇冠大扶梯又名两路口大扶梯，连接了两路口和重庆站，是重庆特色交通标志之一，如图 2-1-5 所示。两路口大扶梯于 1993 年 2 月动工，1996 年 2 月建成运营，全长 112 m，宽 1.3 m，提升高度 52.7 m，倾斜度为 30°，每秒运行 0.75 m，全程运行 2 min 30 s，由上、下梯和备用梯共三台扶梯组成。运力为 13 000 人次/小时，是亚洲最长的一级提升坡地大扶梯。

图 2-1-5　重庆两路口大扶梯

自动扶梯可以是向一个方向行走，但多数都可以根据时间、客流等的需要，由管理人员控制行走方向。另一种和自动扶梯十分类似的运输行人工具是自动人行道。两者的分别主要是，自动人行道是没有梯级的，而且多数只会在平地上行走或是稍微倾斜，而自动扶梯是有梯级的。

2. 自动扶梯分类

自动扶梯的分类见表 2-1-1。

表 2-1-1　自动扶梯的分类

序号	分类条件	分类名称
1	按驱动装置的位置分类	端部驱动自动扶梯 中间驱动自动扶梯
2	按扶手外观分类	全透明扶手自动扶梯 半透明扶手自动扶梯 不透明扶手自动扶梯
3	按扶梯路线型分类	直线型自动扶梯 螺旋型自动扶梯
4	按使用条件分类	普通型自动扶梯 公共交通型自动扶梯
5	按提升高度分类	小提升高度（最大至 8 m）扶梯 中提升高度（最大至 25 m）扶梯 大提升高度（最大至 65 m）扶梯
6	按运行速度分类	恒速扶梯 可调整扶梯

3. 自动扶梯组成结构

自动扶梯由梯路（变形的板式输送机）和两旁的扶手（变形的带式输送机）组成。如图 2-1-6 所示，其主要部件有梯级、牵引链条及链轮、导轨系统、主传动系统（包括电动机、减速装置、制动器及中间传动环节等）、驱动主轴、梯路张紧装置、扶手系统、梳板、扶梯骨架和电气系统等。梯级在乘客入口处作水平运动（方便乘客登梯）以后逐渐形成阶梯，接近入口处阶梯逐渐消失，梯级再度作水平运动。这些运动都是由梯级主轮、辅轮分别沿不同的梯级导轨行走来实现的。

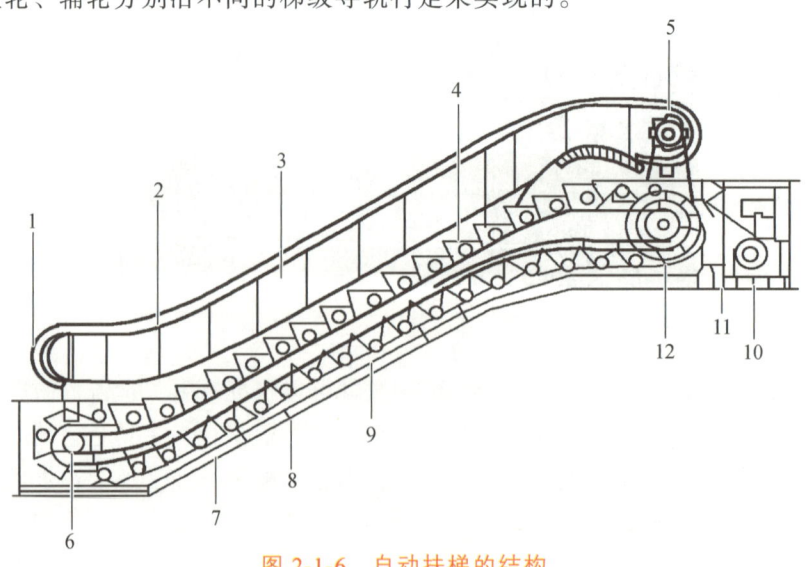

图 2-1-6　自动扶梯的结构

1—扶手传动滚轮；2—扶手带；3—栏板；4—铝合金梯级；5—扶手驱动瓣轮；6—从动张紧瓣轮；7—金属构架；8—牵引轴；9—牵引瓣条；10—动力装置；11—机房盖板；12—梯级牵引瓣轮

4. 自动扶梯的工作原理

（1）一系列的梯级与两根牵引链条连接在一起，在按一定线路布置的导轨上运行即形成自动扶梯的梯路。牵引链条绕过上牵引链轮、下张紧装置并通过上、下分支的若干直线、曲线区段构成闭合环路。这一环路的上分支中的各个梯级（也就是梯路）应严格保持水平，以供乘客站立。上牵引链轮（也就是主轴）通过减速器等与电动机相连以获得动力。扶梯两旁装有与梯路同步运行的扶手装置，以供乘客扶手之用。扶手装置同样由上述电动机驱动。为了保证自动扶梯乘客的绝对安全，要求装设多种安全装置。

（2）自动扶梯上的每一个台阶都有两组轮子，它们沿着两个分离的轨道转动。上部装置（靠近台阶顶部的轮子）与转动的链条相连，并由位于自动扶梯顶部的驱动齿轮拉动。其他组的轮子只是沿着轨道滑动，跟在第一组轮子后面。

（3）两条轨道彼此隔开，这样可使每个台阶保持水平。在自动扶梯的顶部和底部，轨道呈水平位置，从而使台阶展平。每个台阶内部有一连串的凹槽，以便在展平的过程中与前后两个台阶连接在一起。

（4）除转动主链环外，自动扶梯中的电动机还能移动扶手。扶手只是一条绕着一连串轮子进行循环的橡胶输送带。该输送带是精确配置的，以便与台阶的移动速度完全相同，从而让乘客感到平稳。

（5）自动扶梯系统不像升降电梯那样能够使人上升几十层楼，但很适用于提供短距离的运输，这是因为自动扶梯具有较高的高负载率。电梯满员后，必须等它到达指定楼层并返回后其他人才能上电梯。而在自动扶梯上，只要有一个人到达上层，就会为其他人腾出位置。

（6）自动扶梯与升降电梯的比较。

优点：

① 生产率即输送能力大；

② 人流均匀，能连续运送人员；

③ 自动扶梯可以逆转，即能向上和向下运转；

④ 当停电或重要零件损坏需要停用时，可作普通扶梯步行使用。

缺点：

① 自动扶梯结构有水平区段，有附加的能量损失；

② 自动扶梯的提升高度有限，人员在其上停留时间长；

③ 造价较高。

表2-1-2 车站出入口、楼梯、自动扶梯的认知——任务检查单

任务编号	2-1-1	任务名称	车站出入口、楼梯、自动扶梯的认知		
序号	检查内容			是	否
	车站出入口选址				
1	叙述车站出入口需考虑的因素				
2	叙述车站出入口设计包括（出入口类型、出入口位置、出入口数量、出入口宽度、地面建筑景观设计）				
	楼梯的基本概念				
3	叙述楼梯的形式和作用				
	楼梯布设规定				
4	叙述地铁车站楼梯设计的标准及其规定				
	楼梯客流分析				
5	叙述楼梯客流分析的具体表现				
	自动扶梯				
6	叙述自动扶梯的简介、组成和自动扶梯的工作原理				

1. 地铁车站出入口设计需要考虑哪些因素？
2. 楼梯的基本概念是什么？
3. 自动扶梯的组成结构包括哪些？

自动扶梯运行前要进行如下的准备工作：

（1）检查扶梯踏板、扶手带、梳齿板和裙板，裙板与梯级间的间隙。除去夹在里面的碎纸、小石子、口香糖等物。

（2）确认自动扶梯周围的安全设施（三角区的护板，防止进入的栅栏、隔板及防护网）有无破损等异状。

（3）确认紧急按钮是否处于正常状态。如果处于被按压状态，必须将其恢复到正常状态。

任务二　电梯构造认知及故障处理

广义的电梯是指由动力驱动，利用沿刚性导轨运行的厢体或者沿固定线路运行的梯级（踏步）进行升降或平行运送人、货物的机电设备。广义的电梯包括载人（货）电梯、自动扶梯和自动人行道等。狭义的电梯则只包括垂直方向运行的电梯。本任务所涉及的电梯为狭义的电梯。

- 掌握电梯的定义、特点及分类；
- 掌握电梯的基本构成；
- 说明电梯工作的原理；
- 掌握电梯的操作及故障处理。

一、电梯基本结构及工作原理

（一）电梯的定义、特点及分类

1. 定　义

电梯是指用电力作为拖动动力，具有乘客或载货轿厢，并运行于垂直或垂直方向倾斜角度不大于15°的两侧刚性导轨之间，运送乘客和货物的固定设备。

2. 基本特点

（1）以电力作为拖动动力；

（2）有一个轿厢，可以运送乘客或货物；
（3）轿厢运行在两根垂直的或垂直倾斜度小于15°的刚性导轨之间。

3．电梯的分类

（1）按用途分

乘客电梯：有完善的安全设计，只用于乘载乘客；

客货电梯（服务梯）：轿厢装潢有别于客梯，可分别用来运送乘客和载物；

货客电梯（货梯）：有必备的安全装置，主要用于载货；

住宅电梯：轿厢装潢较简单，通常用在单向载车的住宅楼内；

病床电梯：轿厢长且窄，主要用于搭载病床和病人；

杂物电梯：无乘人必备的安全装置，决不允许载人的小型货梯；

观光电梯：轿厢壁透明，便于乘客观光电梯外景的客梯；

其他专用电梯：汽车梯、船梯、矿用梯、施工梯等。

（2）按运行速度分

低速梯：$v \leqslant 1.0$ m/s；

快速梯：1.0 m/s$<v<2.0$ m/s（10层以上）；

高速梯：2.0 m/s$\leqslant v<3.0$ m/s（16层以上）；

超高速梯：$v \geqslant 3.0 \sim 10.0$ m/s；

试验用梯：$v>10$ m/s。

（3）按驱动方式分

钢丝绳曳引驱动式电梯（摩擦式）；

液压驱动式电梯（分为柱塞直顶式和柱塞侧顶式）；

齿轮齿条式电梯：一般用于工程电梯。

（4）按控制方式分

手柄控制：通过操纵厢内的手柄来控制；

按钮控制：通过轿厢内或厅门外的按钮来控制；

信号控制：厅外上、下呼梯信号、轿厢内指令信号及其他信号加以综合分析，司机只需按下启动按钮，电梯即可自动运行停靠的电梯，一般用于客梯或客货两用梯。

（二）电梯的构造

电梯是机与电紧密结合的复杂产品，在垂直交通运输工具中使用最为普遍。电梯由机械部分和电气部分两大部分组成，其结构包括四大空间（机房部分、井道及底坑部分、围壁部分和层站部分）和八大系统（曳引系统、导向系统、门系统、轿厢、重量平衡系统、电力拖动系统、电气控制系统和安全保护系统）。

电梯的基本构造如图2-2-1所示。

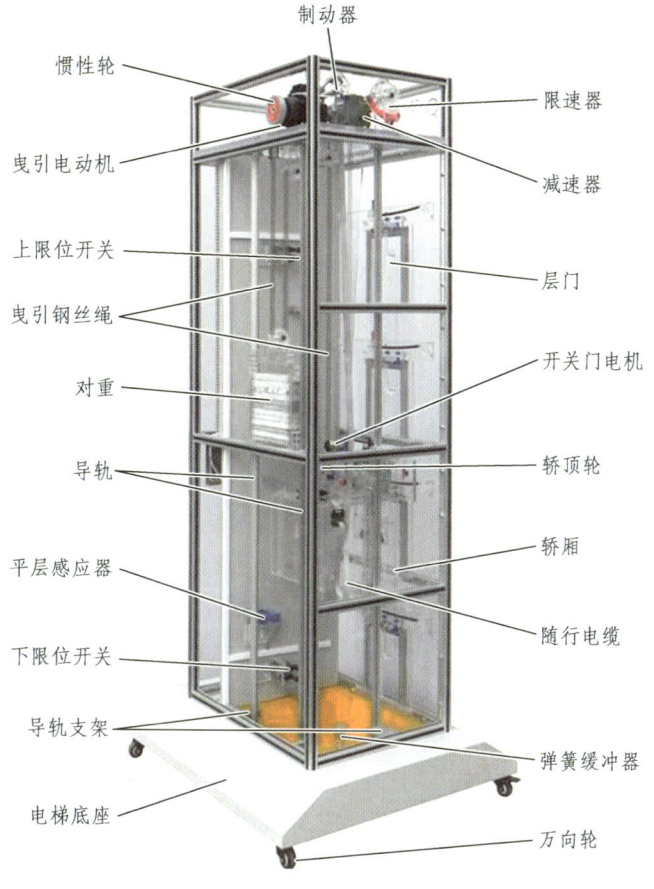

图 2-2-1　电梯的基本构造

1. 机房部分

机房用来安装减速箱、导向轮、曳引机、控制柜和限速器等。机房可以设置在井道顶部，也可以设置在井道底部。当机房设于井道底部时，采用曳引机下置式曳引方式。这种方式结构复杂，建筑物承重大，对井道尺寸要求高，只有在机房无法顶置时才可使用。对于绝大多数的电梯，机房均设于井道顶部。机房必须有足够的面积、高度、承重能力及良好的通风条件。

2. 井道及底坑部分

井道是指由围壁、顶板及底坑围成的一个可以容纳电梯轿厢和对重的有限空间。为了方便出入，在每个层站都设有入口。井道的底坑深入地面，因而应满足防水要求，最好有排水设施。

井道及底坑部分由导轨、导轨支架、对重、缓冲器、导靴、张紧装置、补偿链、随行电缆、底坑、紧急终端开关等组成。

3. 围壁部分

围壁的作用是将电梯与外界分隔开，围壁的结构分为封闭式和空格式。

4. 层站部分

层站是各楼层中电梯停靠的地点。每一层楼，电梯最多只有一个站，也可根据需要在某些楼层不设站。

层站部分由层门（厅门）、呼梯装置（呼梯盒）、门锁装置、层站开关门装置和层楼指示灯等组成。

5. 曳引系统

电梯曳引系统的作用是输出动力、传递动力，从而使电梯完成向上或向下的运动。曳引系统由曳引机、曳引钢丝绳、反绳轮和导向轮等组成。

（1）曳引机

曳引机是电梯的主要拖动机械，它驱动电梯的轿厢和对重装置向上或向下运动，是电梯的动力源。曳引机由电动机、联轴器、制动器、减速箱、机座和曳轮等组成。根据需要，有的曳引机还装有冷却风机、速度反馈装置（光码盘）和惯性轮等。根据电动机与曳引轮之间是否有减速箱，曳引机可分为有齿曳引机和无齿曳机。对于有齿曳引机，需在电动机的转轴和曳引轮的转轴之间安装减速器（箱），以将电动机转轴输出的较大转速降低到曳引轮转轴所需的较低转速，同时得到较大的曳引转矩，以适应电梯运行的要求。制动器是电梯的一个重要安全装置，对主动转轴起制动作用。除了安全钳以外，只有它能使工作中的电梯轿厢停止运行。

（2）曳引钢丝绳

曳引钢丝绳的两端分别与轿厢对重连接（或者两端固定在机房上），承受着电梯全部的悬挂重量且反复弯曲，承受很高的比压，还要频繁承受电梯启动和制动的冲击。因此，对电梯曳引钢丝绳的强度、耐磨性和挠性均有很高的要求。

（3）反绳轮

当钢丝绳的绕绳比大于1时，在轿厢顶和对重架上应增退反绳轮，反绳轮的个数可以是1个、2个或者3个，这与曳引比有关。

（4）导向轮

导向轮的作用是拉大轿厢与对重的间距，将曳引钢丝绳引向对重或轿厢的钢丝绳轮，采用复绕型时还可增大曳引力，导向轮安装在曳引机架或承重梁上。

6. 导向系统

导向系统由导轨、导靴和导轨支架等组成，它的作用是限制轿厢和对重的活动自由度，使轿厢和对重只能沿着导轨做升降运动。导轨被固定在导轨支架上，导轨支架是承重导轨的组件，与井道壁连接、导靴装在轿厢和对重架上，与导轨配合，使轿厢和对重的运动方向与导轨的直立方向一致。

7. 门系统

门系统由轿厢门、层门、开门机、联动机构和门锁等组成，轿厢门设在轿厢入口，由门扇、门导轨架、门靴和门刀等组成。层门设在层站入口，由门扇、门导轨架、门靴、门锁装置及应急开锁装置组成。开门机设在轿厢上,是轿厢门和层门启闭的动力源。

8. 轿　厢

轿厢是用以运送乘客或货物的电梯组件。它由轿厢架和轿厢体组成。轿厢架是轿厢体的承重构架,由横梁、立柱、底梁和斜拉杆等组成。轿厢体由轿厢底、轿厢壁、轿厢顶、照明装置、通风装置、轿厢装饰件和轿内操纵箱等组成。轿厢体的空间大小由额定载重或额定载客数决定。

9. 重量平衡系统

重量平衡系统由对重和重量补偿装置组成。对重由对重架和对重块组成。对重用于平衡轿厢自重和部分的额定载重量。重量补偿装置用于补偿高层电梯中轿厢与对重侧曳引钢丝绳长度的变化对电梯平衡设计的影响。

10. 电力推动系统

电力推动系统由曳引电机、供电系统、速度反馈装置和调速装置等组成,对电梯进行速度控制。

（1）曳引电机

曳引电机是电梯的动力源,根据电梯配置可采用交流电机或直流电机。

（2）供电系统

供电系统是为电机提供电源的装置。

（3）速度反馈装置

速度反馈装置为调速系统提供电梯运行速度信号,一般采用测速发电机或速度脉冲发生器,与曳引电机相连。

（4）调速装置

调速装置用于对曳引电机进行调速控制。

11. 电气控制系统

电气控制系统由操纵装置,控制屏、位置显示装置和选层器等组成,它的作用是对电梯的运行进行操纵和控制。

（1）操纵装置

操纵装置包括轿厢内的按钮操作箱或手柄开关箱、层站召唤按钮、轿顶和机房中的检修或应急操作箱。

（2）控制屏

控制屏安装在机房中,由各类电气控制元件组成,是电梯实行电气控制的集中组件。

（3）位置显示装置

位置显示装置是指轿内和层站的指层灯。层楼指示灯一般能显示电梯的运行方向或轿厢所在的层站。

（4）选层器

选层器能起到指示和反馈桥厢的位置,决定运行方向,发出加减速信号等作用。

12. 安全保护系统

安全保护系统包括机械部分和电气部分的各类安全保护装置,可保证电梯的安全使用。机械部分的安全保护装置有限速器和安全钳(起超速保护作用)、缓冲器(起冲顶和蹲底保护作用)、终端极限开关(可切断总电源)等。电气部分的安全保护装置在电梯的各个运行环节中都有并发挥作用。

(三)电梯的工作原理

电梯的安全保护装置用于电梯的启停控制,按钮操作盘用于轿厢门的关闭以控制轿厢需要到达的楼层,呼梯盒用于人员呼叫电梯准确到达呼叫位置,层楼指示灯用于显示电梯到达的具体楼层,推动控制系统用于控制电梯的启停、加速、减速等。门机控制系统主要用于控制当电梯达到一定位置时,电梯门能够自动打开,或者门外有人员要求乘梯时,电梯门能够自动打开。

1. 曳引式电梯的原理

垂直电梯是使重物作垂直上下运动的升降设备,曳引式电梯的曳引传动关系如图 2-2-2 所示,从力学的角度分析,电梯曳引原理如图图 2-2-3 所示。要使一重物在空中保持静止状态,必须有一拉力 T 与物体的重力 Q 相平衡,即 $T=Q$,这时物体处于静止或匀速运动状态,称为力的平衡。此系统称为平衡系统。若要使物体向上运动,速度发生改变,则这一拉力 T 除了克服物体的重力 Q,还要提供一个产生加速度的力 F,即

$$T=Q+F=Q+ma$$

式中　m —— 为物体的质量;
　　　a —— 为加速度。

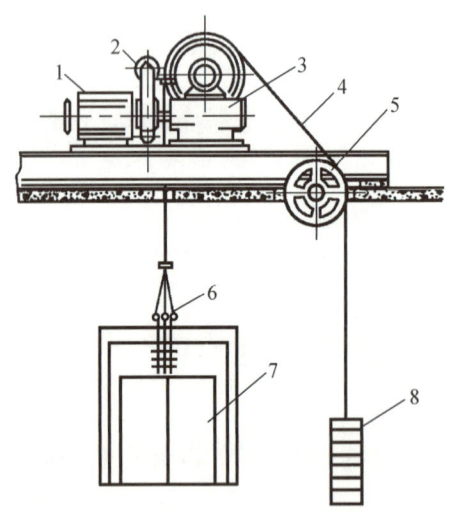

1—电动机;2—制动器;3—减速器;4—曳引绳;
5—导向轮;6—绳头组合;7—轿厢;8—对重装置。

图 2-2-2　曳引式电梯的曳引传动关系

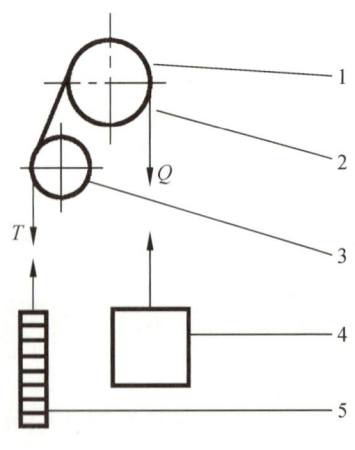

1—曳引轮;2—曳引钢丝绳;3—导向轮;
4—轿厢;5—对重装置。

图 2-2-3　电梯曳引原理

如果物体的重力 Q 被另外一个平衡力 W 所平衡，$W=Q$，即构成一个平衡系统，这时拉力 T 就不用去克服重力 Q 了，而只需提供使物体产生加速度所需的力，即 $T=F=ma$，这样就大大减小了拉力 T。这就是电梯上采用的"平衡原理"。这个平衡力就是由对重来提供。因此我们要求对重的重力 W，要与轿厢及载荷的重力$(P+Q)$相等。

2. 平衡系数的意义

要做到真正平衡，在电梯的实际应用中非常困难，或且说目前还没有想出一个办法来实现这一点。因为轿厢的载荷 Q 是随机变化的，可能是 0（空载）或者 100%QH（满载）范围内的任意值，因此我们只能选择一个恰当的对重重量。

即取 $$W=P+KQH \tag{2-2-1}$$

式中 K——平衡系数；

P——轿厢的自重；

Q——轿厢的实际载荷；

QH——轿厢的额定载荷。

平衡系数的实质就是设计配置对重的质量大小。它将影响对重的质量和电梯的不平衡载荷。当轿厢与载荷为 $P+Q$ 时，轿厢侧与对重侧的不平衡载荷为：

$$\Delta T=(P+Q)-(P+KQH)=Q-KQH \tag{2-2-2}$$

二、电梯的操作及故障处理

（一）电梯的操作

1. 轿厢内按钮的操作

轿厢内按钮操作盘上的按钮有报警按钮、楼层选择按钮、开门按钮和关门按钮等，可根据实际情况选用。

2. 电梯的开启

插入钥匙并将钥匙转到"0"位置，然后将钥匙拔出来，再按一般电梯的操作进行。

3. 电梯的关闭

插入钥匙并将钥匙转到"1"位置，出现"暂停"字样后重新开关电梯门一次，当电梯门再次关好时，表明电梯已关闭，拔出钥匙即可。

（二）电梯的故障处理

电梯发生故障时的救援，必须做到一人操作、一人监控。电梯故障一般涉及以下三种情况：

1. 电梯停在平层区域但不能自动开门故障

该故障的处理步骤如下：

（1）接到求救信息后要与轿厢内的乘客沟通，以确认电梯停止的位置和轿厢内的人员数量，告诉乘客在接到指示之前不得自行扒开电梯门。

（2）救援人员带上电梯的开梯钥匙、控制柜钥匙和三角钥匙尽快到达故障现场进行处理。

（3）到达电梯停止位置后确认电梯是否停在平层区，若没有停在平层区，则按相应情况进行处理。

（4）救援人员应安慰轿厢内的乘客，使其保持镇静，不要惊慌。

（5）到控制柜处，用专用钥匙打开控制柜。

（6）断开主断路器的开关，切断电梯电源后关闭控制柜的柜门。

（7）在电梯停止位置用三角钥匙打开层门后，注意层门地坎与轿厢地坎之间的高度差和间隙，防止人员跌落进井道，然后直接将乘客从轿厢中救出。

（8）乘客被救出后，必须关闭所开启的层门，并保证其在外力的作用下也无法打开。立即停用发生故障的电梯，放置"暂停服务"的牌子，安排机电轮值人员来修理。

2. 电梯停在非平层区域且电梯有电故障

该故障的处理步骤如下：

（1）接到求救信息后要与轿厢内的乘客沟通，以确认电梯停止的位置和轿厢内的人员数量，告诉乘客在接到指示之前不得自行扒开电梯门。

（2）救援人员带上电梯的开梯钥匙、控制柜钥匙和三角钥匙尽快到达故障现场进行处理。

（3）到达电梯停止位置后确认电梯是否停在非平层区，不是则按其他情况处理；对于非观光电梯，应用三角钥匙将层门展开一条细缝来检查轿厢所处位置。

（4）救援人员应与乘客沟通，告诉其在救援期间电梯可能启动和停止的次数，要求乘客保持镇静，不要惊慌。

（5）到控制柜处，用专用钥匙打开控制柜，并将 JRH 开关由 NORM（正常）位置旋转到 JRH（召唤）位置。

（6）按 ESE 盒上的 DRH-U（向上）按钮或 DRH-D（向下）按钮以控制轿厢上下移动，若发生紧急情况，则应按压 STOP 按钮；同时，LR-U（向上），或 LR-D（向下）指示灯亮。如果不能实现轿厢移动，应转为情况（3）处理。

（7）当轿厢运行到平层位置时，控制屏上的平层指示灯 LUET 会亮，表示轿厢已到达平层区，此时应马上松开操作按钮。

（8）断开主断路器的开关，并按情况（1）进行处理。

3. 电梯停在非平层区且电梯没电故障

该故障的处理步骤如下：

（1）接到求救信息后要与轿厢内的乘客沟通，以确认电梯停止的位置和轿厢内的人员数量，告诉乘客在没有接到指示之前不得自行扒开电梯门。

（2）救援人员带上电梯的开梯钥匙、控制柜钥匙和三角钥匙尽快到达故障现场进行处理。

（3）到达电梯停止位置后确认电梯是否停在非平层区，不是则按其他情况处理；对于非观光电梯，应用三角钥匙将层门展开一条细缝来检查轿厢所处的位置。

（4）救援人员与乘客沟通，告诉其在救援期间电梯可能启动和停止几次，要求乘客保持镇静，不要惊慌。

（5）到控制柜处，用专用钥匙打开控制柜，断开主断路器的开关，切断电梯电源。同时按住"▲""▼"按钮观察 LR-U、LUET、LR-D 指示灯的状态，若处于熄灭状态，则表示电梯已超速，应立即停止操作，关闭控制柜门并通知维修人员进行抢修。

（6）将救援工具装在松闸盘上后，扳动操作手柄使轿厢移动。如果 LR-U 或 LR-D 指示灯亮并伴有蜂鸣声，表示轿厢移动速度过快，应立即将松闸手柄复位至开始位置。

（7）不断观察 LR-U、LUET、LR-D 指示灯的状态，小心地向下释放松闸手柄使轿厢逐步地缓慢移动，当轿厢接近门区时，每次只能移动轿厢 10~15 cm，以防止冲顶或蹲底，直到看见平层指示灯亮时立即松开松闸手柄，此时表示轿厢已到达平层区。

（8）拆除松闸手柄，关闭控制柜的柜门，根据情况（1）进行处理。

表 2-2-1 电梯构造认知及故障处理 —— 任务检查单

任务编号	2-2-1	任务名称	电梯构造认知及故障处理		
序号	检查内容			是	否
电梯基本机构及工作原理					
1	叙述电梯的定义、特点及分类				
2	叙述电梯的构造，由机械部分和电气部分两大部分组成，其结构包括四大空间（机房部分、井道及底坑部分、围壁部分和层站部分）和八大系统（曳引系统、导向系统、门系统、轿厢、重量平衡系统、电力拖动系统、电气控制系统和安全保护系统）				
电梯的操作及故障处理					
3	叙述如何操作电梯				
4	叙述电梯的故障处理流程				

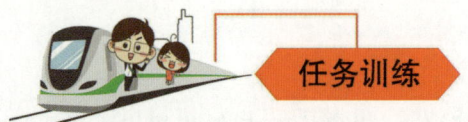

1. 电梯的分类情况有哪些？
2. 电梯的构造由哪些组成？
3. 针对电梯发生的各种不同故障，处理方式及步骤有哪些？

案例：

某贸易有限公司的自动扶梯在 1F—2F 的上行过程中，一乘客斜靠着扶手带站在向上移动的梯级上。由于该乘客所站立的梯级始终受到横向的作用力，造成梯级到达梳齿板区域时梯级运行轨迹发生偏移，无法与梳齿板正常啮合，运行方向受阻，造成后续的梯级向上拱起，导致与其相邻的六块梯级受损，两名乘客在避让向上突起梯级的过程中摔倒，受到伤害。

请小组讨论：如何避免此类事故的发生。

任务三　自动扶梯构造认知及故障处理

随着社会的发展，自动扶梯已成为一种必不可少的交通工具。目前从事扶梯生产的企业，如三菱、迅达等占有国内市场的主要份额，江南嘉捷、上海新时达、昆山通佑等民族电梯企业各自占有一定的市场份额。到目前为止，自动扶梯已发展了 100 多年，它的出现使人们出行更加便捷。在商场、地铁、机场、火车站等客流较大的公共场所，自动扶梯辅助运输旅客或者物品可极大地减轻旅客负担，也使客流疏散更加迅速，避免造成不必要的拥堵。但是，随着扶梯的大量使用和电气/电子可编程电子系统复杂程度的提高和潜在风险的增加，自动扶梯在使用过程中事故频发。例如 2010 年 12 月 1 日，深圳国贸站的扶梯出现反转异常状况，引起乘坐者骚乱，导致发生踩踏事故，造成多人摔伤。2011 年 7 月 5 日，北京地铁线出入口的一台扶梯也同样发生倒转，引发悲剧，造成 30 人受伤 1 人死亡。如何使产品在整个生命周期都能满足安全完整性等级的要求，也日益成为市民和业内人士关注的重点。

项目二　自动扶梯及楼梯

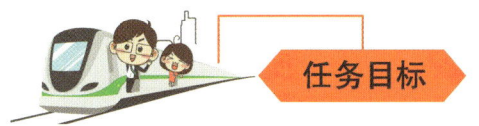

- 掌握自动扶梯的构造、分类；
- 了解自动扶梯的工作原理；
- 掌握自动扶梯的操作及故障处理。

一、自动扶梯的构造、分类及工作原理

（一）自动扶梯的构造

自动扶梯的构成如图 2-3-1 所示。

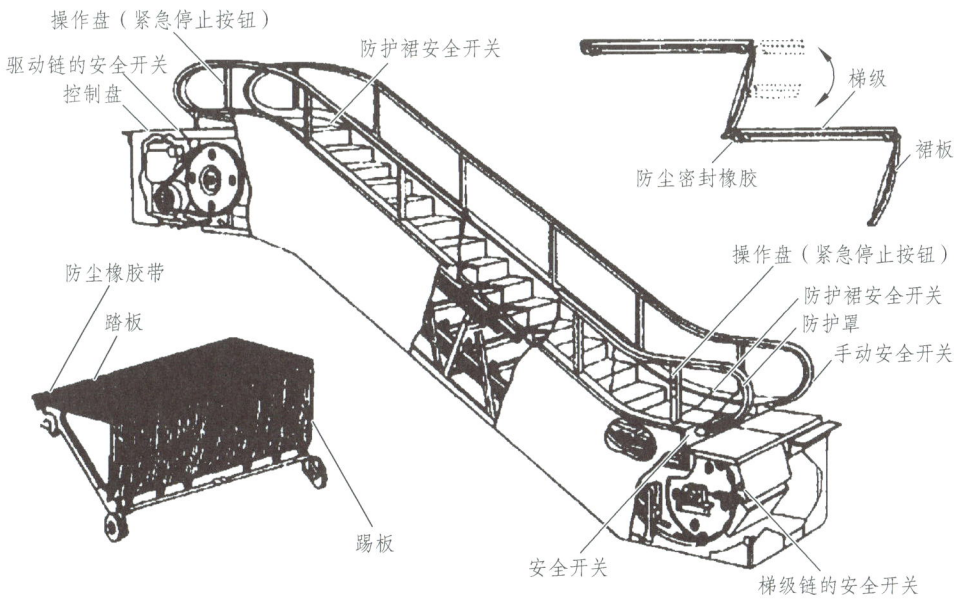

图 2-3-1　自动扶梯构成示意图

1. 桁　架

桁架是架设在建筑结构上，用来支承梯级、踏板及运动机构等部件的金属结构件，如图 2-3-1 所示。桁架一般由角钢和方钢制作而成。

2. 梯　级

梯级是自动扶梯的载人部件，多个梯级通过牵引构件（牵引链条和牵引齿条）在

41

驱动装置的驱动下形成运动的梯路。梯路在自动扶梯内沿着一定的轨迹周而复始地运行，完成对人员的连续运送。

梯级的结构如图 2-3-2 所示，包括踏面踢板、支架、主轮和轴轮等部分。梯级处于梯路上半周时，踏面一直处于水平状态，梯级处于梯路下半周时，踏面翻转 180°。梯级的踏面一般为防滑设计，表面有凹槽，其作用是使梯级在上下出入口处嵌入梳齿板中，同时使梯级上的垃圾不至于滚动到梯级与裙板之间而划伤裙板。梯级可以看作是一种具有特殊结构的四轮（包括两个主轮和两个辅轮）小车，通过牵引构件在驱动系统的牵引下沿导轨运行。梯级的主轮轴与牵引链条或牵引齿条连接在一起。全部梯级按一定规律布置在导轨上，导轨的形状决定了梯级的运行轨迹。

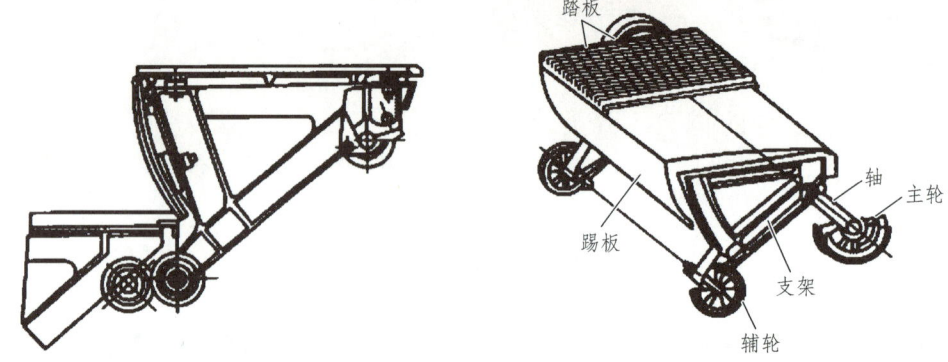

图 2-3-2　梯级结构示意图

3. 驱动装置

自动扶梯的驱动装置一般由电动机减速箱、制动器、传动链和驱动主轴等组成，其功能是将动力传递给梯路系统和扶手系统。按驱动装置位置的不同，自动扶梯可分为端部驱动自动扶梯和中间驱动自动扶梯。

（1）端部驱动自动扶梯

端部驱动自动扶梯的驱动装置多位于自动扶梯的上部，并以链条为牵引构件。它由一系列的梯级和两根牵引链条连接在一起，运行在按一定线路布置的导轨上。牵引链条绕过上牵引链轮、下张紧装置并通过上、下分支的若干直线、曲线区段构成闭合环路。上牵引链轮通过减速器等与电动机相连以获得动力。扶梯两边装有与梯级同步运行的扶手装置，供乘客手扶之用。

（2）中间驱动自动扶梯

中间驱动自动扶梯的驱动装置位于扶梯中部，并以齿条为牵引构件。一台中间驱动自动扶梯可以装多组驱动装置，故其也称为多级驱动组合式自动扶梯。扶梯运行时，电动机通过减速器将动力传递给两侧的构成闭合环路的传动链条，每侧的传动链条之间铰接一系列的滚子，滚子与牵引齿条啮合，驱使自动扶梯运行。

4. 梯路导轨

梯路导轨的作用是在梯路上、下分支上支撑梯级主、辅轮的载荷，并引导梯级以一定的轨迹运行，防止梯级跑偏。

5. 扶手装置

扶手装置由扶手驱动系统、扶手带和扶手栏杆等组成，位于扶梯两侧，便于乘客扶握，可对乘客安全起到防护作用。扶手带位于扶手装置的顶面，与梯级同步运行，是可供乘客扶握的带状部件。当扶手带被拉长或安装过紧时，扶手带的张紧装置会自动调节其长度。

6. 裙板

裙板包括内裙板和外裙板。内裙板是与梯级两侧相邻的金属围板，是梯级两边的界限。外裙板用于覆盖桁架的外部，以防止有人触发自动扶梯桁架中自动扶梯的运动部件。同时，外裙板也是外部装饰板。

7. 盖板

盖板包括内盖板和外盖板。内盖板是用于遮住扶栏处的自动扶梯内部部件的盖板，它的一端装在裙板上。外盖板是用于遮住扶栏外缘的盖板。

8. 梳齿板

梳齿板位于运行梯级的出入口，是为方便乘客上、下过渡而与梯级踏板相啮合的部件。

9. 控制柜

控制柜主要由主机板、变频器、主开关、各种继电器、接线端子、通信接口和接地保护装置等构成。

10. 安全装置

自动扶梯必备的安全装置包括工作制动器、牵引链伸长或断裂保护装置、扶手带入口保护装置、电动机保护装置、梳齿板保护装置、梯级塌陷保护装置和急停开关等。

11. 自动润滑系统

自动扶梯的自动润滑系统是保障自动扶梯安全、正常运行的关键系统之一。自动扶梯的链条在润滑不足的情况下连续运行，会使链轮和链条之间产生干摩擦，加快磨损，导致链条伸长、寿命降低，甚至可能发生断链的严重安全事故。如果润滑油太多，则会造成润滑油的浪费，而且滴落的润滑油还会对环境造成污染。

（二）自动扶梯的工作原理

自动扶梯是带有循环运动梯路向上或向下倾斜输送乘客的固定电力驱动设备。自动扶梯可以看成由一台具有特殊结构形式的链式输送机和两台具在特殊结构形式的胶带式输送机组合而成的升降传送系统。与一般电梯相比，自动扶梯具有连续输送的功能，能在短时间内输送大量乘客。

二、自动扶梯的操作及故障处理

（一）自动扶梯的分类

按外形可分为平面式和空间式两种；按场合可分为室内和室外（有棚和无棚）两

种；按载荷和规格可分为轻型、中型、重型三种；按传动方式可分为链条式和齿条式两种；按功能可分为商用型和公共交型。

1. 平面式扶梯

结构较简单，造价较低，占地面积较大，应用比较广泛。

2. 空间式扶梯

它与平面式恰恰相反，造型优美，应用比较少。

3. 链条传动式扶梯

用一定节距的链条将梯级连成一个循环，即驱动装置带动链轮，再由链轮带动链条，从而驱动梯级，使梯级做循环运动。驱动装置设置在上端（上机房），在下端设置一组链轮张紧装置。随着提升高度的提高，驱动装置和链条的负荷随之增加，扶梯结构随之庞大、重量增加。

4. 齿条传动式扶梯

用若干根齿条将梯级连成一个循环。即驱动装置的链轮、链条与齿条啮合，从而直接驱动齿条使梯级运行。驱动装置设置在上下分支间（扶梯中间部分），根据这一特点，可以设置多个驱动装置进行驱动，以克服链条式驱动装置的缺陷。

（二）自动扶梯的操作

1. 开启自动扶梯的程序

（1）将钥匙插入操作盘上的报警停止开关，旋转以鸣响警笛，系统开始运转，放手后钥匙将回到中央位置，将其拔出。

（2）当确认自动扶梯的踏板上没有乘客时，将钥匙插入运行开关向需运行方向（上或下）旋转，自动扶梯开始运作，待稳定运行后放手，钥匙自动回到中央位置将其拔出（启动时一只手旋转钥匙，另一只手按在紧急停止按钮上，当出现异常情况时可及时按下紧急停止按钮）。

（3）确认扶手带是否正常转动，如有异常声响或振动，应立即按下紧急停止按钮，停住自动扶梯，同时通知维修人员。

（4）确认自动扶梯正常运转后，再试运转 5~10 min。

（5）如果在试运转过程中按下了紧急停止按钮，那么在问题处理完毕后必须将红色罩复原。

2. 关闭自动扶梯的程序

（1）确认有无异常声响或振动，如发现问题，应立即关闭自动扶梯。

（2）关闭自动扶梯之前，不允许乘客进入自动扶梯的梯口。

（3）将钥匙孔插入报警器停止开关，旋转以鸣笛警笛。

项目二　自动扶梯及楼梯

（4）确认自动扶梯附近或扶梯级上无人后，再用钥匙开启停止开关，自动扶梯将停止运行。

（5）一天的正常运行结束后应认真检查并清扫自动扶梯踏板、扶手带、梳齿板、裙板及自动扶梯下部的专用房。

（6）正常停止自动扶梯后，应在其旁边放置"停止使用"的牌子，以防止乘客将其当作楼梯使用。

（三）自动扶梯的应急处理

1. 紧急停止按钮的操作

当出现异常情况且必须使用紧急停止按钮时，应先大声通知乘客"紧急停止，请抓住扶手"再进行操作。

（1）现场操作。

① 正常状态：平时红色罩呈向外膨胀凸出状态。

② 操作时的状态：用手指按压红色罩，凸出状态变塌陷状态。

③ 操作后的状态：用手指按压红色罩的周围，使其中部恢复正常状态。

（2）车站控制室（车控室）的操作，敲破玻片—按压按钮—复位（拔起按钮）。

2. 扶梯转换运行方向的操作程序

（1）将钥匙插入报警停止开关，旋转以鸣响警笛。

（2）确认扶梯梯级上无人后，再用钥匙开启报警停止开关，在自动扶梯停止运行后将钥匙拔出。

（3）待电梯完全停止后，将钥匙插入运行开关，开启需运行方向的开关（上或下）。

表 2-3-1　自动扶梯构造认知及故障处理——任务检查单

任务编号	2-3-1	任务名称	自动扶梯构造认知及故障处理		
序号		检查内容		是	否
		自动扶梯的构造、分类及工作原理			
1	叙述自动扶梯的构造				
2	叙述自动扶梯的工作原理				
		自动扶梯的操作及故障处理			
3	叙述自动扶梯的类型				
4	叙述自动扶梯的操作流程				
5	叙述自动扶梯的应急处理流程				

1. 简述自动扶梯的构造有哪些?
2. 简述自动扶梯的类型有哪些?
3. 简述自动扶梯的应急处理流程。

遇扶梯事故的应对方法

1. 紧急时刻第一时间按紧停按钮

在每台扶梯的上下部都各有一个紧停按钮。一旦扶梯发生意外,靠近按钮的乘客应第一时间按下按钮,扶梯就会在 2 s 内缓冲 30～40 cm 自动停下。

如果无法第一时间按下紧停按钮,乘用者要用双手紧紧抓住手扶电梯的扶手,然后把脚抬起,不要接触到手扶电梯,这样人就会随着手扶电梯的护栏移动,不会摔倒,但这样处置的前提是电梯上的人不能太多。

2. 遇到发生拥挤伤害事件时

遇到发生拥挤伤害事件时,最重要的是保护好自己的头部和颈椎,可一手抱住头部,一手护住后颈,身体屈曲,不要乱跑,就地保护。如有小孩时,要尽快把孩子抱起来。

3. 遇到扶梯倒行时

遇到扶梯倒行时,迅速紧抓扶手,压低身姿保持稳定,并和周围人大声沟通,保持冷静,切忌拥挤踩踏。在北京地扶梯铁事故中,一位女士就这样的方法保护了自己。

项目三

乘客服务设施

任务一 乘客信息系统的认知

随着城市信息化进程的推进,乘客信息系统(Passenger Information System,PIS)的建立和功能拓展已经成为提升轨道交通服务水平的重要举措。同时,由于城市轨道交通已经逐步形成网络化运营态势,多条线路融会贯通,使得交汇点越来越多,势必对乘客信息发布的信息量、及时性、智能化以及网络化管理提出更高的要求。

本任务主要介绍乘客信息显示系统的基本知识。

- 掌握 PIS 的相关理论知识;
- 了解 PIS 的国内、国外的现状;
- 掌握乘客信息系统的功能需求;
- 掌握乘客信息系统的系统结构;
- 了解乘客信息系统的发展趋势。

乘客信息系统（PIS）是一个综合计算机网络技术和电子媒体技术的服务性系统，是集多媒体资讯发布、播控与管理的平台。在地铁正常运营时，PIS 系统通过车站和车载显示终端向乘客发布乘车须知、列车到发时间、换乘指引、运营安全、列车时刻表，PIS 系统提供动态紧急疏散提示，车载设备通过移动宽带传输网传输实时或预录接收信息，同时在列车上的 LCD 显示屏进行音视频播放。乘客通过正确的服务信息引导，能够安全、便捷地乘坐轨道交通。

一、系统概述

现代城市轨道交通系统的运营管理越来越注重对乘客服务质量的提高，乘客信息系统就是依托多媒体网络技术，以计算机技术为核心，以车站和车载显示终端为媒介向乘客提供信息服务的系统。

乘客信息系统在地铁出入口、站厅、站台、电梯和扶梯的上下端口、列车车厢内等乘客可视的空间设置等离子显示器、液晶显示器、单行或多行发光二极管显示器、彩色发光二极管显示器、投影墙等现代视频显示装置，并利用这些装置进行信息展示。

城市轨道交通正在从以车辆为中心的运营模式发展为以乘客服务为中心的运营模式，十分重视乘客信息系统（PIS）的建设。特别是 2003 年韩国大邱市轨道交通发生的火灾惨剧震惊世界，将与乘客息息相关的乘客信息系统摆到了重要的位置。

PIS 为乘客提供了上述各类信息，使乘客安全、高效地乘坐城市轨道交通，也使城市轨道交通高效、安全地运营。

二、乘客信息系统的现状

（一）国内发展现状

我国目前拥有或正在建设轨道交通的城市分别有北京、上海、广州、深圳、成都、大连、天津、长春、武汉、重庆、南京、杭州、苏州、哈尔滨和沈阳等。北京、上海、广州和天津地铁都已经开通了乘客信息系统，在北京、广州和深圳等已开通车载实时传输乘客信息服务系统。另外，南京、武汉、沈阳、重庆和成都等国内城市的地铁，在设计中都采用了乘客信息系统。目前，乘客信息系统在国内已经有了广泛的应用，但从现状来讲，因国家高清标准出台较晚、无线网络带宽限制以及高清产品性价比等原因，主要还是停留在标清的分辨率时期，国内一些企业对该系统也是在不断的探索和钻研之中，并不断在建设中积累经验。

上海地铁 PIS 系统的车-地视频传输采用的是准实时方式，利用列车进站或回库的时间将事先录制好的视频信息通过无线集群的方式发送给列车，待列车在隧道内行驶时向旅客播放。该方式技术含量低、实施简单、信息实时性和灵活性较差，但不能实现列车车厢视频信息的上传。

上海地铁 16 号线在正线的各车站的站厅、站台公共区和出入口设置有乘客信息显示设备。在各车站站厅、站台公共区设置 LCD/LED 显示屏，乘客通过显示设备能及时了解列车的运行信息、公共信息及安全事项等，同时该系统在列车运行空隙时间可播放天气预报、时事新闻、娱乐节目等内容。为满足上述需求，上海地铁为 16 号线定制了一套完善的解决方案，包括与信号系统（ATS）内容同步实时显示列车到达动态信息；与上海地铁客流实时信息显示系统 TOS 联网，实时显示本线及轨道交通网络运营的基本状态信息；乘客乘车须知和换乘信息等庞大的信息量。

（二）国外发展现状

1. 法　国

在法国巴黎的 RER 线路上，有两种显示器，第一代只能使用车站名称旁边的方形灯显示列车的位置，而第二代显示器是一个 LED 显示屏有方形灯指示，并提供火车服务。这些显示器只用在 RER A 线、RER B 线，和 RER D 线的部分车站。由于有两家不同的运营公司，有时会因为缺乏沟通导致时间不准确，巴黎地铁也有两种显示器，除 14 号线外安装的均为 LED 显示器，14 号线上安装的则是电视显示屏。这些显示器显示当前列车及下一列车到达车站所需要的时间。

2. 德　国

德国铁路公司采用的旅游信息系统能够显示当前列车时刻，并与公布的列车时刻表对比，还能显示已知的延迟时间和预计抵达和离开时间。这些信息会通过扬声器向乘客公布，也会发布在网上，乘客可以通过移动终端设备如智能手机等实时查询以上相关信息。

三、乘客信息系统的功能

PIS 的功能包括紧急信息功能、显示信息功能、广告播出功能、定时自动播出功能等。

（一）紧急信息功能

1. 预先设定紧急信息

乘客信息系统可以预先设定多种紧急灾难告警模式，方便自动地或人工触发进入告警模式。操作员通过控制中心操作员工作站，可以预先设定多种紧急灾难告警模式，如火警、恐怖袭击等，并设定每种模式的警告信息及各种警告发布参数。当指定的灾难发生时，由自动告警系统或人工触发，使 PIS 进入紧急灾难告警模式。此时，相应的终端显示屏显示警告信息及人流疏导信息。

2. 及时编辑发布紧急信息

地铁在运行中可能会发生非预期的灾难，需要 PIS 及时发布非预期的灾难警告信息，因此要求 PIS 可以及时编辑发布紧急信息。

操作员通过控制中心操作员工作站或车站操作员工作站，可以及时编辑各种警告信息，并发布至指定的终端显示屏。

（二）显示信息功能

1. 显示列车服务信息

车站子系统的车站服务器实时地从 ATS 接收列车服务信息，再控制指定的终端显示器显示相应的列车服务信息，如下一班车的到站时间、列车时间表、列车阻塞/异常、特殊的列车服务安排等。

2. 显示时钟

PIS 可以读取时钟系统的时钟基准，并同步整个 PIS 所有设备的时钟，确保终端显示屏幕显示时钟的准确性。屏幕可以在播出各类信息的同时提供日期和时间显示。在没有安装时钟的地方或任何希望在终端显示屏上显示时钟的地方，通过时间表可以设置终端显示屏的全屏或指定的子窗口显示多媒体时钟。

时钟的显示可以为数字的显示方式，也可以显示为模拟时钟方式。

3. 显示实时信息

屏幕上不同区域的信息可根据数据库信息的改变而及时更新。实时信息的更新可以采用自动的方式或由操作员人为操作实施。实时信息包括新闻、天气、通告等。

通过车站操作员工作站或控制中心操作员工作站，操作员可以即时编辑指定的提示信息，并发布至指定的终端显示屏，提示乘客注意。

操作员可以设定实时信息是否以特别信息形式或者紧急信息形式发放显示，发放高优先的信息可以立即打断原来正在播放的信息内容，即时显示。

（三）广告播出功能

PIS 可为城市轨道交通引入一个多媒体广告的发布平台，通过广告的播出，可以为城市轨道交通带来更多的广告收入。广告可以分为图片广告、文字广告和视频广告。广告可以与其他各类信息同步播出，有效地提高系统的利用率。

在广告中心子系统，可以预先编辑好各种商业广告节目，再通过广告审片/广告管理工作站，编辑时间表指定广告节目的播放顺序及播放位置，最后将时间表和广告节目数据发布至指定终端显示屏。

时间表播放机制包括：周时间表、日时间表、节目时间表。

商业广告的多媒体播放方式支持：DVD 视像播放、VCD 视像播放、AVI 和 GIF 等动画效果播放、文本动画显示、图像动画显示、网页显示、常用文件播放显示。

（四）定时自动播出功能

乘客信息系统可以提供一套完整的定时自动播出功能。信息的播出可以采用播出表播出的方式，系统可以根据事先编辑设定好的播出列表自动进行信息播出。播出列表可以日播出列表、周播出列表、月播出列表的形式定制。

四、系统支持的信息类型

1. 紧急灾难信息

（1）火灾警报、台风警报、洪水警报等。
（2）逃逸、疏散方向指示，如紧急出口的指示。
（3）紧急站务警告信息，如停电、停止服务等。
（4）有关乘客人身安全的临时信息，如乘车安全须知。

2. 列车服务信息

列车服务信息包括：列车时刻表，列车阻塞等异常信息，下班车的到站时间（以及下二、三班车的到站时间），列车组成（4 节、6 节或 8 节），特殊的列车服务安排信息。

3. 乘客引导信息

乘客引导信息包括：动态指示信息，逃逸、疏散方向指示，轨道交通服务终止通告，换乘站换乘信息，地面交通指示信息。

4. 一般站务信息和公共服务信息

一般站务信息和公共服务信息包括：日期和时钟信息，票务信息，公益广告信息，天气、新闻、股市等信息，地面公共交通信息，安全提示（如当心扒窃）。

5. 商业信息

商业信息包括：视频商业广告，视频形象宣传片，图片商业广告，文字商业广告，各类分类广告。

五、信息显示的优先级

乘客信息系统要确保乘客快速安全地到达目的地。在保证安全运营的基础上，可以向乘客提供各类信息服务，以及进行商业广告的运作。因此，在乘客导乘信息系统的设计中，应充分考虑每一类信息的显示优先级。高优先级的信息优先显示，相同优先级的信息按照先进先出的规则进行显示。按照这个要求，信息显示的优先级规定如下：

（1）信息类型的优先级按照如下顺序递减：紧急灾难信息、列车服务信息、乘客引导信息、一般站务信息及公共信息、商业信息。

紧急灾难信息为最高优先级信息，发生紧急情况时可以终止和中断其他所有优先等级的信息。

（2）高优先级的信息可以中断低优先级信息的播出，低优先级的信息不能打断高优先级信息的播出。发生紧急情况时，系统紧急中断当前信息的播出，进入紧急信息播出状态，其他各类信息自动停止播出。系统以醒目的方式提示乘客进行紧急疏散。直到警告解除，才能继续进行其他各类信息的播出。

（3）同等优先级的信息按设定的时间播出序列依次播出。

六、乘客信息系统的发展趋势

随着城市信息化进程的推进，乘客信息系统的建立和功能拓展已经成为提升轨道交通服务水平的重要举措。同时，由于城市轨道交通已经逐步形成网络化运营态势，多条线路融会贯通，使得交汇点越来越多，势必对乘客信息发布的信息量、及时性、智能化以及网络化管理提出更高的要求。因此，在未来的乘客信息系统里，能进行大量不同类别的信息处理，显示效果清晰、明确，支持多种发布方式，支持智能化综合管理和协助应急处理将成为发展趋势。

1. 显示终端

未来的信息显示方式将越来越多，除图像、文字、声音外，还将有大量的流媒体等多种信息的显示，因此，视觉和画质良好，更经济美观的显示终端设备将被大量采用。

2. 信息形式

未来应加大动态信息的宣传和普及力度。目前，国内轨道交通乘客信息系统大都未能与城市其他公共服务平台实现有效的数据交换和共享，因此，城市轨道交通乘客信息系统应强化与其他系统间的信息联动力度。乘客信息系统应该具有智能化的特点，能够智能化地处理故障。统一标准、统一制式、统一接口也是未来乘客信息系统发展的必然趋势。

3. 信息平台

目前，国内外的乘客信息系统大多是控制单条线路或某公司所管辖的线路，由于线路之间可能会存在换乘或最佳路径的选择，为乘客提供一个良好的信息平台是轨道交通发展的必然趋势。总之，未来的乘客信息系统中的各子系统应能实现信息互通、资源共享。

4. 信息发布

随着城市信息化进程的加快，乘客信息系统信息发布的方式也将多元化。多元化的特点主要体现在获取方式多元化和信息发布多元化。传统的信息发布方式以广播方式为主，这种模式不能满足乘客需求，交互式信息发布才能够适应未来的发展。交互联动的特点则主要体现在信息获取的及时性、个性化和便捷化。

七、乘客信息系统的系统结构

乘客信息系统由中心系统、域系统、群控制器、显示终端和网络组成，系统由中心、域和群三级控制。

1. 中心系统

中心系统主要由中心服务器、中心操作员工作站、编辑工作站、数据库、视频服务器、直播服务器和网管工作站等配套设施组成。

中心系统通过接口采集外部信息流，经编辑处理，生成信息列表，按既定规则或模式播出，以达到向乘客传递信息的目的。

中心系统的主要功能有：

（1）网络管理及网络安全

对各设备的运行状态故障信息进行集中监控，对网络设备运行状态和网络数据传输状态进行监控。

（2）统计和报表

将系统采集的信息进行归类统计并输出报表。

（3）后台系统的监控与维护

对日志管理、数据库进行监控；具有诊断、预警、报警功能；还具有备份与灾难恢复功能。

（4）接口功能

实现与外部信息源接口以及轨道交通内部相关专业接口。

（5）查询服务功能

向乘客提供信息交互查询。

2. 域系统

域系统设备包括域播放控制器、集成化软件模块、线缆和附件等。一般根据环境条件，将应用要求相同、播放内容相近或物理位置相关的设置成一个域系统，它既可以是一个车站，也可以是几个车站。域系统的主要职能是接收并下载来自中心系统的各类信息内容、系统参数，在中心系统或子系统发生故障时，按照已下载的节目列表和节目内容在本区域显示终端上自动播放。

域系统的主要功能还有：

（1）备份功能

接收中心系统下发的节目列表和节目内容，保持与中心系统的同步。

（2）设备监视

实时监视本站设备的运行状态，保存所有接收的设备状态数据30天。

（3）操作日志

记录用户操作信息，包括系统开关机、用户登录或注销、备份及恢复操作、参数改变和授权、下达系统模式、下达设备命令等操作。

3. 群控制器

群控制器包括地面群控制器和车载群控制器，系统可根据需要通过群控制器控制某个范围或类型的显示终端。

群控制器的主要功能有：

（1）节目预存功能

具有一定的节目存储能力，可根据其自律功能进行自动播出，可避免对网络资源的长期占用。

（2）显示终端状况监视

实时监测和上传本群显示终端设备的运行状态并能保存数据一定时间。

（3）操作日志

记录用户操作信息。

（4）音量控制

通过接收广播系统播音前的触发信号自动调节显示终端的音量。

（5）时间显示和同步

在显示终端上正确地显示时间信息。

（6）列车运行状况显示

与车站的信号系统建立起直接联系，取得列车运行的及时信息，并在显示终端上显示。

4. 显示终端

根据不同区域的需要，显示终端分为出入口显示终端、站厅显示终端、站台显示终端、通道显示终端和车载显示终端等，并在各功能区域组成群。

八、系统功能

地铁乘客资讯系统在正常情况下，提供列车时间信息、政府公告、出行参考、股票信息、广告等实时多媒体资讯信息；在发生火灾、阻塞情况下，提供紧急疏散指示。

（1）乘客资讯系统的主要目标是通过 PIS 中心（OCC）和车站/车载 PIS 子系统的控制，在指定的时间，将指定的信息给指定的人群显示。

（2）系统需具备紧急疏散程序。当事故发生时，操作员按下紧急按钮便能启动一系列的自动疏散程序。

（3）引入多媒体动态广告，结合其他显示及广播系统，共同设计和执行，提高运营效益。

（4）多媒体显示控制软件支持多屏幕分割功能，可以同时显示各种实用的信息来吸引更多的观众。此外，其显示版面可不断地依据日程来改变。

（5）实时信息显示：实时信息能够以特别信息或者紧急信息形式通过系统播放，可以打断原来时间表正在播放的内容。实时信息包括新闻、天气、通告、电视节目等。在地下可以实时显示地面的交通状况，在出入口可以实时显示地铁的运营状况（正常、关闭、拥挤）。

（6）系统能够兼容多种终端信息显示设备，例如：PDP 显示屏，LCD 显示屏，CRT，LED 室内外显示屏等。

（7）系统需要一套标准的时间表播放机制，包括周时间表、日时间表、节日时间表等。系统根据预先编辑设定的时间表自动播放多种日常信息，包括提示信息、定时的欢迎信息等。

（8）多语言支持。

（9）自动为乘客提供列车到站离站有关的信息。具有在不同的时间段内持续显示同一信息的功能。

（10）多媒体显示控制软件支持显示屏幕多区域分割功能，分割区域最大数不少于8个。播出版面可根据需要进行切换，以避免显示屏幕过热导致灼伤现象发生。

（11）视频显示支持多样的播出风格。

（12）具有网管功能。

（13）乘客信息系统与综合监控系统在车站和控制中心互联，实现信息共享。正常工况下，乘客信息系统根据预排时序播放地铁资讯信息。火灾及阻塞工况下，接收综合监控系统控制命令，播放预先制作的紧急疏散引导信息。

表 3-1-1 乘客信息系统的认知——任务检查单

任务编号	3-1-1	任务名称	乘客信息显示系统的认知		
序号		检查内容		是	否
		阐述 PIS 的相关理论知识			
1		说明乘客信息系统结构组成			
2		叙述乘客信息系统的定义			
		PIS 在国内、国外的现状			
3		举例说明国内外乘客信息系统的相同点与不同点			
		乘客信息系统的发展趋势			
4		能对未来乘客信息系统发展趋势有自己的见解			
		乘客信息系统的功能需求			
5		能说出乘客信息系统的常用功能			
		乘客信息系统的系统结构			
6		能说出乘客信息系统的结构			

1. 简述地铁乘客信息系统的组成。
2. 简述地铁乘客信息系统的功能。

PIS 播放控制器和软件进行屏幕分割显示，如图 3-1-1 所示。

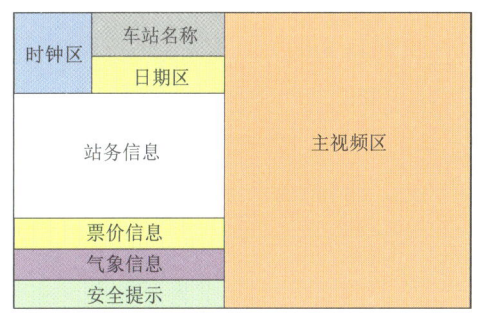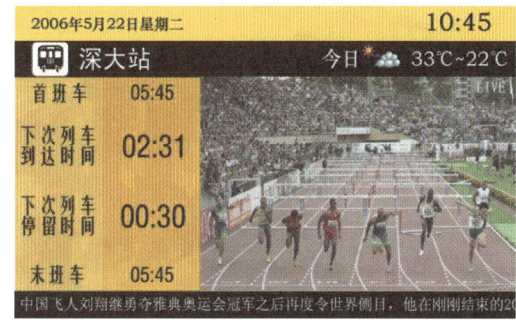

图 3-1-1

信息终端的显示采用了多区域信息并行发布的方式,即在同一屏幕上,可根据需要将屏幕进行划分,不同的区域可同时显示不同的信息,可满足不同乘客对各类信息的需求。

任务二　乘客导向标识系统的认知

 任务描述

城市交通拥堵问题日益加重,大力发展地下轨道交通成为了城市解决拥堵问题的重要手段。但地下轨道交通有其特殊性,容易使人缺乏安全感以及迷失方向,如何在地下封闭的环境中组织大量人流有条不紊且安全地乘坐及换乘,这就离不开现代导向设计。地铁导向标识系统可以在地下封闭的空间里指引人们行走方向,同时保障人们的乘车安全。

- 了解车站导向标识的发展现状；
- 掌握车站导向标识系统的设计原则。

一、地铁车站导向标识的发展现状

自 1863 年世界上第一条地下铁道在英国伦敦建成通车之后，世界上相继又有纽约、芝加哥、布达佩斯、波士顿、巴黎、柏林、东京、莫斯科、北京等城市修建地铁。随着时代的发展，截至 2017 年 12 月，中国内地已有 32 个城市开通轨道交通，运营总里程超 4 000 多公里。地铁导向标识系统伴随着地下铁道交通的发展慢慢的融入到地铁车站中，成为地铁车站中不可或缺的一部分。国外地铁建设历史悠久，发展迅速，由于国外地铁建设起步早，导向设计方面比较成熟并且有了广泛的应用。我国地下轨道交通建设起步较晚，1969 年北京建成开通了第一条地铁线路，在随后的时间里中国相继有十几座城市修建开通了地下铁道交通。起先我国地铁建设对导向标识系统没有引起足够的重视，没有专业的设计规范，随意性强、数量少、缺乏系统化设计，经过几十年的时间，虽有一些不尽人意的地方，但我国的地铁导向设计也从最初的简单导向慢慢发展为与国际接轨、规范、完整的系统。

1. 地铁车站导向标识系统设计的理念

国外地铁通过长时间的发展已经形成了一整套的规范，在导向标识系统的设计中，通过不断的实践，已经从满足运营转变为了满足乘客需求，标识的设计越来越人性化，越来越体现"以人为本"的设计理念。人性化的标志设计要从动态乘客流的个体感受出发，科学地对标志的形式、位置、尺寸等参数进行设计实施。例如，以日本东京地铁为例，日本东京地铁于2004年开始对地铁车站导向标识进行改造。在改造方案的制定和实施过程中，始终坚持以乘客需求为导向的设计方针，围绕乘客的需求做了充分的调研工作，借鉴相关经验，采纳相关意见，最终制定出东京地铁标识的规划和设计方案。全部规划和设计方案历时 3 年，设计出了视障者导向标识、身障者导向标识、女性导向标识等满足乘客需求的导向标识。充分体现了"以人为本"的设计理念，和对不同人群的关注与关爱。

2. 地铁车站导向标识设计遵循的原则

（1）标识设计新颖独特，导向明显。

导向标识设计个性化非常强，标识设计不单单局限于平面设计，可创造性地设计出许多立体的导向标识。标识的形状也不再是四四方方中规中矩，不少地铁车站采用了许多例如卡通、图画等形式的导向标识，不仅起到了美化作用，也提升了地铁车站的文化氛围。在标识的色彩应用中，不同线路采用不同的颜色，使得乘客可以根据标识的不同色彩辨别线路方向。当然，最重要的就是要"一目了然""简单明了"，乘客在地铁站内行进的过程中，要经过不同的功能区域，标志必须在适当的位置提供给乘客正确的信息。位置适当，表示在一定的区域必须设置标识。正确信息，表示设置的标识应与所处区域功能相互配合。还有一点不得不提的是，国外的地铁导向标识设计创新性地融合了城市的特点，使得标识不仅仅包含指引、引导的意义，也给标识增添了丰富的内涵。

（2）标识应用统一完整，形成系统。

在地铁中，导向标识不再只是单单的车站内上下车的导向，功能涵盖站外乘车导向、站内购票导向、换乘导向、出站导向、安全疏散导向等等多个方面，可以说，现如今的地铁车站导向已经辐射到地铁周边甚至是整个城市。地铁导向标识也不再是零散分布，而是按功能、按类别、按性质的不同进行相应的分布设置，使得导向与导向之间的关系紧密融合，又相对独立，从而形成了一整套完整的导向标识系统。既方便了乘客，又促进了地铁的快速发展。为了减轻客流压力，避免拥挤，提高服务效率，各个地铁换乘站都要设置明显的导向标识，以及一些具有特殊含义、导向功能的标识，通过这些标识使得人与环境、人与物、人与人之间建立相互的信息交流，提高城市交通的运营能力与服务形象。

3. 地铁车站导向标识系统面临的问题及应对措施

（1）建立统一的规范，整合行业标准。

针对我国地铁中存在的导向标识设计、制作等方面的零散混乱现象，地铁标识设计要求应由国家和专业部门去统筹完善，对全国的相关地铁企业进行调查研究，再结合整个地铁行业的实际及特性，制定出地铁标识系统的相关标准，标志、色彩、文字、材料、制作工艺等严格按照规定实施，使得导向标识系统能够真正地为市民服务，促进地铁交通的发展。另外，通过标准化的地铁导向标识系统还可以打破民族、地域、年龄层次的限制，增强各民族、各地区之间的联系与交流。注重与国际通行的标识符号接轨并采用多国文字，最大限度地发挥它的信息传播作用。

（2）注重细节，"以人为本"进行人性化设计。

我国地铁标识设计中对特殊人群的关注过低，人性化的设计体现不足。所以，在进行地铁标识设计时候要"以人文本"提供人性化的服务。一方面，国外地铁发展时间相比国内要久，设计理念和经验要相比国内成熟，在地铁导向标识的设计方面很好地体现了人性化的特点。因此，我们在进行地铁标识设计时可以对国外的设计理念与经验进行借鉴。另一方面，在地铁标识设计前期进行大量的调查研究，对乘客的需求进行充分的调查分析，请专业的人员对标识的设计进行专业的评价，结合各方面反馈的信息，设计出符合乘客需求、符合运营要求的标识。

（3）导向标识设计合理，设置科学。

针对我国地铁导向标识的设计杂乱，标识设置位置不正确等问题，在地铁标识设计中，应对导向标识进行科学合理的分析。对乘客的行为进行分析，确定出符合实际的导向标识设计位置与数量。以进站导向标识为例，进站引导标识的设置要从站外开始，可以是站外 500 m（范围也可以适当增加缩小）范围内开始设置站外导向，同时站外导向标识在设置时要具有连贯性，100 m 左右就要有引导，路口也必须有引导，数量要合理。通过合理的导向标识设置，可以使乘客快速便捷地乘坐地铁，便捷地进出车站、转换乘车线路。

（4）摆脱陈旧理念，提升创新意识。

导向标识在设计上要具有唯一性，这样乘客才能清晰地明白理解内容所表达的含义，同时导向标识需要在外形视觉上吸引乘客的目光，使乘客快速正确地收到导向信息。因此，导向标识的创新就必不可少。在导向标识的创新可以进行如下的尝试：

结合本地区特点进行标识创新设计。不仅可以美化导向标识，还能增强车站的文化气息，同时还起到了城市形象宣传的作用。

结合卡通形象进行标识设计。卡通形象往往可以吸引乘客的目光，并且还可以带给乘客欢愉的视觉体验。

在地面做一块"即时贴"，例如深圳地铁在站台上用走向车门的小脚印引导乘客候车与上车。还有许多其他的方式可以运用，但需要注意的是，创新标识不等于放弃标识原本的导向意义，而只是在导向的基础上带给乘客更多的信息与更轻松获取信息的方式。

（5）加强导向标识的维护与保养。

我国对导向标识的维护与保养的重视度仍需加强，例如有的地铁车站导向标识坏了很久仍没有进行维修与更换。因此，地铁车站要设置定期维护的制度，同时还可以设置专门的维修团队对标识牌进行维修保养，对损坏的标识牌进行及时更换。那么，要做到对导向标识的维护与保养，首先导向标识管理应做到降低维修保养成本、减少维修作业次数及维修时间、简化维修操作程序，做到可靠性、安全性兼顾。对有污渍的标识牌要及时进行清理和清洗，清除内部的灰尘、边角料等杂物，对无法进行人工清除的标识牌可利用压缩空气进行吹扫。对于有技术要求的动态标识牌，在拆洗时，要进行解体检查和清洗，并做好相应的标志和记录，组装及维护的牌体必须达到设计要求和质量标准，确保导向标识系统正常运行。这样可以系统化的对标识养护维修，可以给乘客营造一个便捷、舒适的乘车环境。

表 3-2-1 地铁车站导向标识系统的认知——任务检查单

任务编号	3-2-1	任务名称	地铁车站导向标识系统的认知		
序号		检查内容		是	否
	车站导向标识的发展现状				
1	叙述车站导向标识系统设计的理念				
2	叙述标识如何设计才新颖独特				
	车站导向标识系统的设计原则				
3	叙述车站导向标识系统设计原则的重要性				

1. 简述地铁车站导向标识系统设计的理念。
2. 简述地铁车站导向标识系统的设计原则。

根据本任务所学习，设计并绘制一个车站的乘客导向标识，并阐述设计的理念与原理。

项目四

售检票区

任务一 自动售检票系统的认知

城市轨道交通自动售检票系统是以磁卡（纸质磁卡和磁卡）或智能卡为车票介质，利用自动售票机、半自动售票机、自动检票机、查询机等终端设备，并通过计算机网络实现轨道交通运营中的自动售票、自动检票、自动收费、自动统计的封闭式票务管理自动化系统。

城市轨道交通自动售检票系统是是乘客直接面对和使用的一套系统，只有通过安全可靠和完备的自动售检票系统才能有效地实施票务的结算和清分。合理的票务机制能有效提高客流和运营效益。

本任务我们将学习关于自动售检票系统的相关知识。

- 了解城市轨道交通自动售检票系统的意义和地位；
- 掌握城市轨道交通自动售检票系统之间的关系。

任务学习

一、自动售检票系统的概念

自动售检票系统（Automatic Fare Collection System，AFC）是通过对计算机、统计、财务等专业知识的综合运用，来实现轨道交通的售票、检票、计费、收费、统计、清分结算和运行管理等全过程的自动化系统，如图 4-1-1 所示，是票务系统的一种体现和实施工具。AFC 包括的设备较多，主要有自动检票机（Automatic Gate，AG，又称闸机）、自动售票机（Ticket Vending Machine，TVM）、半自动售票机（Booking Office Machine，BOM）、自动查询机（Ticket Checking Machine，TCM）等。

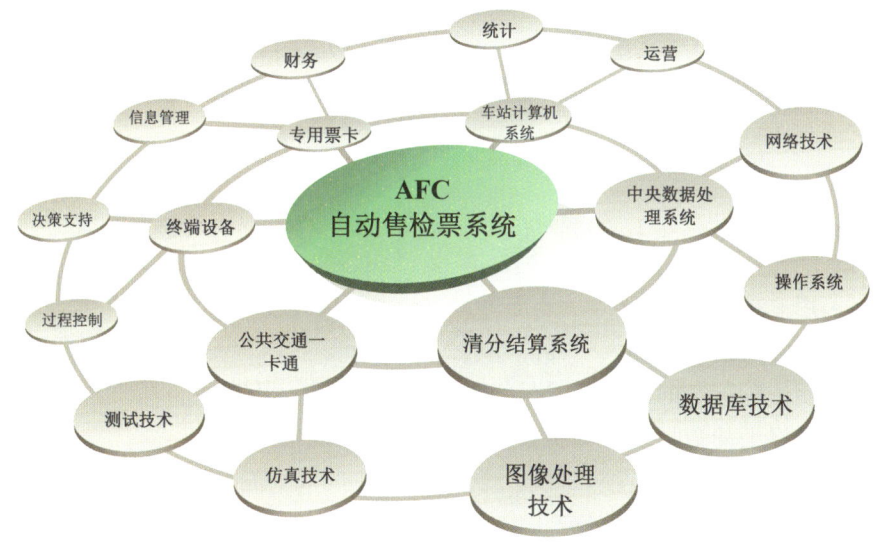

图 4-1-1

二、自动售检票系统的内涵

自动售检票系统作为城市轨道交通运营管理的子系统之一，有其丰富的内涵，主要体现在以下几个方面：

1. 票务收益管理

自动售检票系统通过计算机技术、现代通信网络技术、自动控制技术、智能卡技术、大型数据库技术、传感技术、统计和财务等专业专业知识的综合运用，使乘车收费更趋于合理，大大减少现金交易支付，并对客流量、运营收入等综合业务信息进行汇总分析，以提高运营单位的经营管理水平。

2. 提供信息支持

自动售检票系统能够提供客流量、票务收入等统计信息，为城市轨道交通的运营、规划和管理决策提供信息支持。

3. 客流导向

自动售检票系统可方便地实现乘车路径和优惠票价管理，也可以通过票价设定来为乘客提供导向性服务，实现柔性的乘客自主对出行路径或时段的选择，合理调整客流分布。

4. 提升企业形象

通过自动售检票系统，增加了城市轨道交通与乘客的操作交互性和乘客的主动性，良好的应用效果可以提升运营企业和所在地区的形象。

5. 社会效益

一方面，自动售检票系统形成对区域交通客流状况的调整，对社会生活产生影响；另一方面，可通过自动化的设施影响人们的行为习惯，规范管理模式，避免票务工作中可能出现的逃票问题。

三、自动售检票系统的特点

（1）采用非接触式IC卡作为电子车票。
（2）支持多个运营商和发卡商。
（3）采用国际标准的加密技术是标准化、开放式的系统。
（4）具有强大的数据统计分析及辅助决策能力。
（5）集中统一发卡、监控管理。
（6）系统维护简单、性价比高。
（7）支持多运营模式，适应不同管理方式。
（8）支持多票种、多种优惠方式。
（9）储值卡多用途。
（10）提供城市一卡通及银行接口。

四、自动售检票系统组成

1. 地铁AFC系统涉及的技术

地铁AFC系统是基于计算机技术、网络技术、现代通信技术、自动控制技术、非接触IC卡技术、大型数据库技术、机电一体化技术、模式识别技术、传感技术、精密机械技术等多项高新技术于一体的大型系统，如图4-1-2所示。

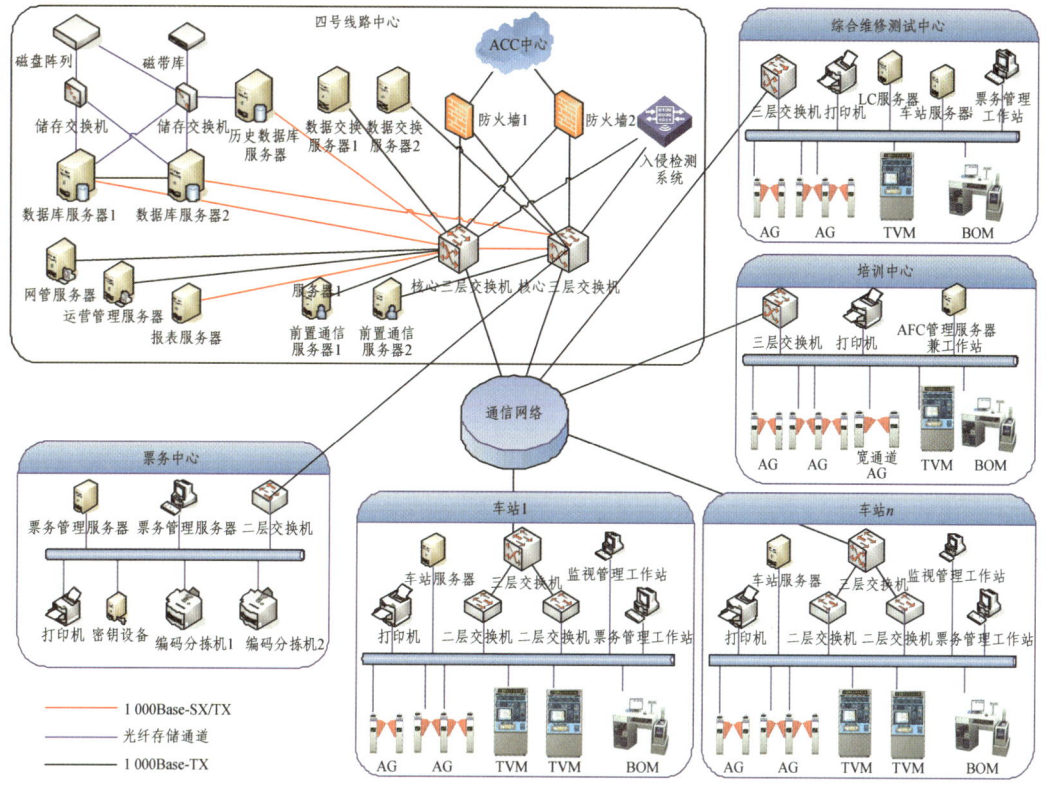

图 4-1-2　AFC 系统

2. 地铁 AFC 系统可实现的功能

（1）购票、检票、计费、收费、统计的全过程自动化，将大量减少票务管理人员、提高地铁系统的运行效率和效益、使乘车收费更趋合理、减少逃票情况的发生。

（2）减少现金交易支付、堵塞人工售/检票过程中的各种漏洞和弊端、避免售票"找零"的繁琐、方便乘客。

（3）通过对客流量、营业额收入等综合业务信息的汇总分析，可以增强客流分析预测的能力、合理地调配车辆，提高了运营公司的经营管理水平。

五、AFC 系统运营模式

（1）通常情况下，自动售检票系统在正常运营模式下自动运行。

（2）在运营过程中如果出现特殊情况，为保证客运安全和运营收益，经系统设定进入相应的降级运营模式。

（3）在运营过程中，当车站或列车发生火灾、爆炸等危及乘客和工作人员安全的紧急情况，需要乘客紧急撤离车站时，启用紧急放行模式。

六、AFC 系统的构架

根据不同的需求，AFC 系统架构可分为线路式架构、分散式架构、区域式架构、完全集中式架构、分级集中式架构等。城市轨道交通的 AFC 系统通常采用分级集中式架构，即以一条线路作为控制对象进行系统设置，针对每一条线路设置一套 AFC 控制系统，整个线网设置一个路网中心，路网中心负责获取全路网的交易数据，确定各线路的换乘结算方式和数据公共接口。除对各线路的运营票款进行结算外，还对跨线交易数据进行实时清分。

以福州地铁系统为例，架构主要分为票卡层、车站级设备层、车站计算机系统、线路中央计算机系统、线网清分中心等 5 层结构，如图 4-1-3 所示。

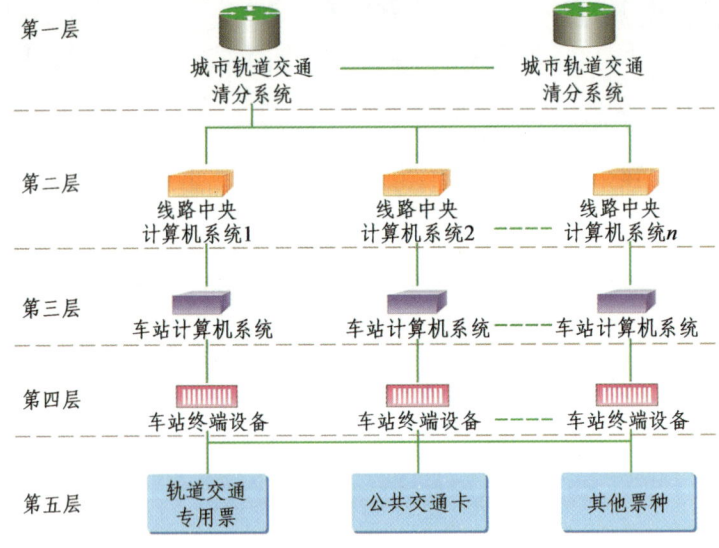

图 4-1-3　AFC 系统的介绍

（一）线路式架构

1. 架构形式

每条运营线路建有一套独立的自动售检票系统，如图 4-1-4 所示。因是彼此独立的，所以票务信息不能共享。

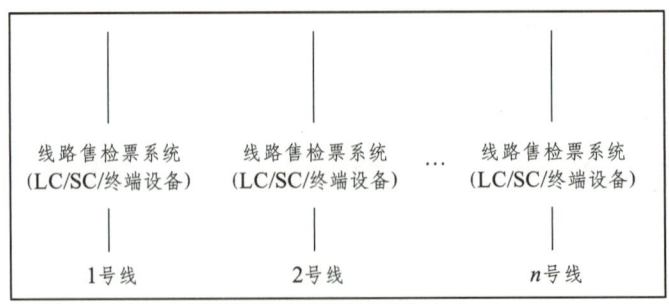

图 4-1-4　自动售检票系统的基本架构形式

2. 特点分析

（1）从技术角度看，管理线路式架构比较容易实现。

（2）从运营管理角度看，仅能够实现线路的票务统计、客流统计和运营管理，乘客无法实现路网线路的直接站内换乘。

（3）从投资的角度看，为重复性投资，比较浪费。

3. 适用范围

（1）单线式轨道交通线路。

（2）分离式轨道交通线路。

（二）分散式架构

1. 架构形式

轨道交通网络由若干个区域构成，每个区域又由若干条线路组成，但各个区域相互独立，如图4-1-5所示。

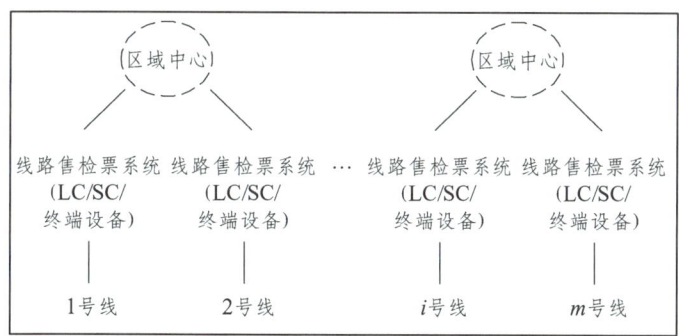

图 4-1-5　分散式架构

2. 特点分析

（1）从技术角度看，路网不能实现跨区域换乘。

（2）从运营管理角度看，可以设置若干区域，每个区域之间相互独立。

（3）从投资的角度看，多套独立的区域中心，相应会增加投资。

3. 适用范围

（1）条状形区域管理的轨道交通线路。

（2）由一个投资和运营方管理的多条线路。

（三）区域式架构

1. 架构形式

区域式架构是在分散式架构和线路独立式架构基础上设置一个路网中心，如图4-1-6所示。

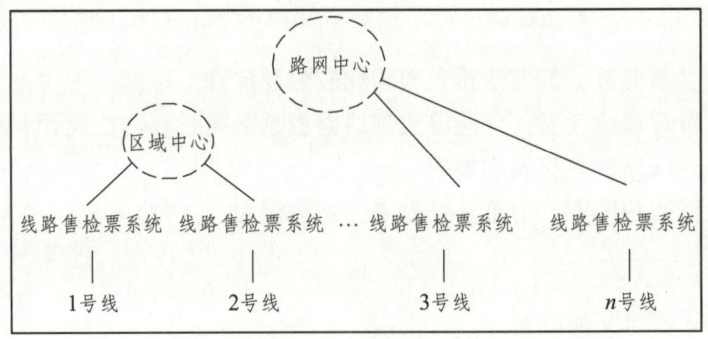

图 4-1-6 区域式架构

2. 特点分析

（1）从技术角度看，路网中心无法直接了解到区域线路之间的清分数据。

（2）从运营管理角度看，保护了原有的投资，并可通过区域中心实现跨线换乘。

（3）从投资的角度看，增加了区域中心，会导致投资的增加。

3. 适用范围

适用于由区域式线路和独立线路构成的轨道交通网路，如图 4-1-7 所示。

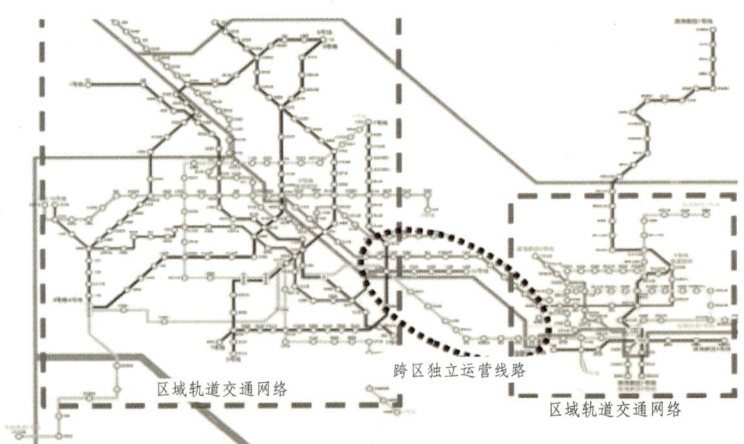

图 4-1-7 跨区域独立运营线路

（四）完全集中式架构

1. 架构形式

路网中心与各独立线路的车站系统直接连接，如图 4-1-8 所示。

2. 特点分析

（1）从技术角度看，可以实现路网内所有线路的换乘和清分。

（2）从运营管理角度看，为线路售检票系统，在全路网范围内实施票款、客流和运营的管理。

（3）从投资的角度看，总投资将相对减少。

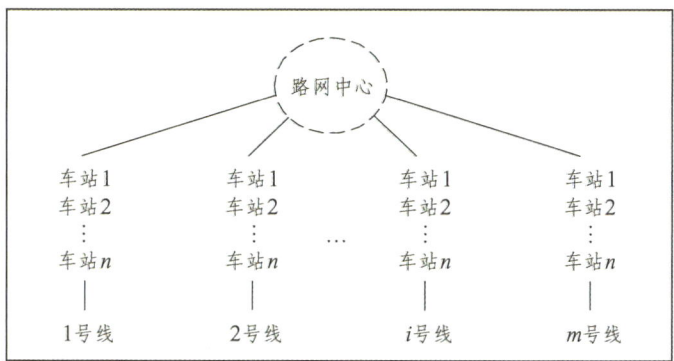

图 4-1-8　完全集中式架构

3. 适用范围

（1）由单个运营商管理的线路。

（2）多个独立的运营商管理的多线路。

（五）分级集中式架构

1. 架构形式

在线路式架构的基础上设置一个路网中心，路网中心负责获取全路网交易数据，如图 4-1-9 所示。

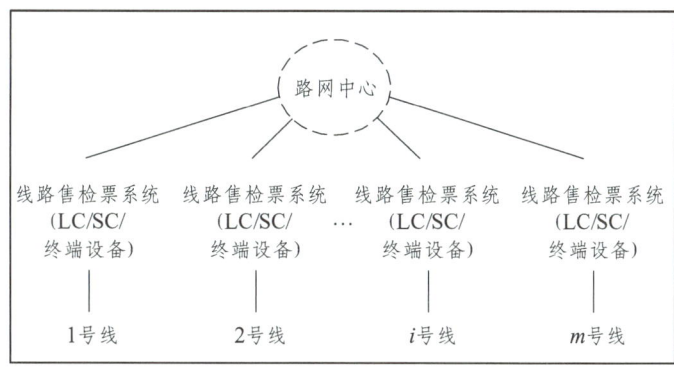

图 4-1-9　分级集中式架构

2. 特点分析

（1）从技术角度看，可以实现路网中不同线路的换乘和清分，满足路网捷运化和信息化的需求。

（2）从运营管理角度看，可以实现对全路网票款、客流的全面管理，可实施收支分开的管理。

（3）从投资的角度看，总投资上将相对减少。

3．适用范围

分级集中式架构的自动售检票系统能够满足大规模轨道交通网络化的基本需求。

七、自动售检票系统的优点

（1）有利于提升轨道交通行业的社会形象和服务区域形象。
（2）有利于提高运营管理水平，保障票务收益。
（3）有利于管理责任落实，保证交易数据和票务信息的安全。
（4）有利于简化操作，方便出行，提高乘客的出行效率。
（5）有利于提供准确的客流及票务统计分析数据。
（6）有利于减少现金交易，人工记账及统计工作，提高准确率和效率。

八、城市轨道交通票务系统与自动售检票系统的关系

自动售检票系统与票务策略的对应关系主要表现在客流、票制、统计与结算、车票处理等方面。

1．客　流

自动售检票系统可根据交易信息为决策或规则提供客流信息。自动售检票系统通过其良好的票务管理水平和高效的客流信息处理能力，成功实现低成本、高效率的系统运作。

2．票　制

自动售检票系统根据票务政策的计费原则和计费方式进行售票、检票、统计。对单一票制、计程票制和混合票制，应结合不同的票制原则以及相应的优惠措施制定执行方案。

3．统计与结算

票务统计与结算的基础是交易数据。线路每天的客流量是该线路各站的单程票、储值票及特种票的进站数及换乘至该站人数之和。各线日车票收入内为以单线各站的单程票发售收入与储值票的出站扣值及当天票补收入之和，减去退票款后，按乘客在各换乘线路乘坐的情况核算。

4．车票处理

车票处理包括对单程票、储值票和许可票的处理。
一般情况下，单程票是当日当站使用的车票，通常要制定退票规则，包括是否允许退票、退票时间要求、手续费的收取等。

九、车票/卡

票卡是轨道交通乘车凭证,主要类型有单程票、公共交通卡,采用非接触集成电路卡,车票芯片内记录乘客进行轨道交通旅行的有关数据,数据的读写由终端设备进行。票卡的发行与管理如图 4-1-10 所示。

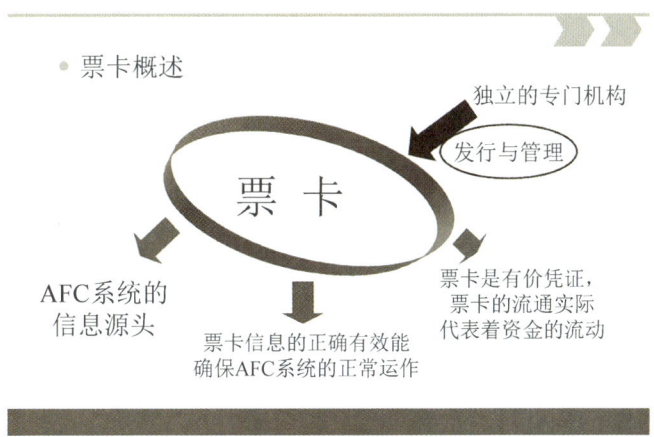

图 4-1-10 票卡发行与管理

(一)AFC 票卡票种

(1)单程票:当日一次乘车使用,限在购票车站进站,按乘车里程计费。

(2)出站票:由半自动售/补票设备发售,仅限发售出站票的车站当日出站时使用。

(3)往返票:当日限定两车站间一次往返乘车时使用,按乘车往返里程计费,超程时需补出站票出站。

(4)一日票:在购票当日内不限次使用,车票使用时需检查进出站次序。

(5)福利票:适用于持可免票证件的乘客在半自动售/补票设备换取的车票,使用方式同单程票。

(6)区段票:

区段计次票——在有效期内在规定区段内计次使用。超过规定区段,需补票。

区段定期票——在规定区段内定期使用。超过规定区段,需补票。纪念票定值纪念票在有效期内使用,每次乘车按里程计费。

(7)纪念票:

计次纪念票——在有效期内计次数使用,每次乘车不计里程。

定期纪念票——在有效期内不限次使用,每次乘车不计里程。

(8)员工票:内部员工记名使用的计次票。

(9)车站工作票:由车站工作人员持有,仅限指定车站使用,不检查进出站次序。

(二）各类型票卡的适用范围

票卡按其使用性质一般分为单程票、储值票、许可票三大类。

1. 单程票

单程票是指乘客以一定金额购得的一次服务旅行承诺，只可进行一次进站和一次出战行为的车票。

单程票一般分为以下几种：

（1）普通单程票：乘客购票时完成对票卡的复制，当日当站、限时限距、出站回收。

（2）应急票：预先对一定数量的车票进行预赋值，由工作人员人工发售，此类应急票的使用方法和普通单程票相同。

（3）优惠票：根据条件给予一定的折扣和优惠的车票，如批量购买、某项活动等。

（4）出站票：出站时补票使用，发售当日当站有效，出站回收。

2. 储值票

储值票是指车票内预存有一定的资金，在金额足够的情况下可多次使用的车票，每次使用时根据费率扣除乘车费用，出站不回收。储值票一般分为记名储值票和不记名储值票。

记名储值票即卡内保存有持卡人的个人信息，如持卡人姓名、性别、身份证号码等，可以挂失，可以享受信用消费和信用增值及其他特殊服务。

不记名储值票面上没有持卡人的信息，通常使用后如果无污损可以将车票退还给发卡公司以便其重新发行使用。不记名储值票不能挂失，也不能享受信用消费和信用增值等服务。

储值票一般分为以下几种：

（1）普通储值票。

（2）优惠票。

（3）纪念票。

3. 许可票（特种票）

许可票是一种不同于单程票和储值票的特殊票种，由运营方根据某种特殊需要，针对某些群体的特殊要求，以吸引或方便他们来乘坐地铁为目的而发行的，是赋予特定使用许可的一种车票，在限定的条件下具有一定的优惠。

许可票一般分为以下几种：

（1）公务票：供轨道交通相关从业人员工作使用的车票。

（2）测试票：是一种对自动售检票系统设备进行维护诊断用的特殊车票，只能在设备属于维护模式时由维修人员使用。

（3）乘次票：被赋予固定乘次许可，在有效期及许可范围内可以重复使用。通常该种车票在使用时只记次数，不计里程。

表 4-1-1　城市轨道交通自动售检票系统的认知 ——任务检查单

任务编号	4-1-1	任务名称	城市轨道交通自动售检票系统的认知		
序号		检查内容		是	否
		城市轨道交通自动售检票系统的定义			
1	说明城市轨道交通自动售检票系统有哪些设备				
		城市轨道交通自动售检票系统的地位作用			
2	说明城市轨道交通自动售检票系统的地位作用				

1. 轨道交通自动售检票系统有哪些设备？
2. 城市轨道交通自动售检票系统有些什么特点？

自动售检票系统常用术语及缩写

AFC　　　自动售检票系统
LC　　　　AFC 系统线路中心计算机系统
SC　　　　车站计算机系统
MMC　　　维修中心计算机系统
TC　　　　培训中心计算机系统
SLE　　　车站终端设备

AG	自动检票机
TVM	自动售票机
TCM	自动查询机
BOM	半自动售票机
PTCM	手持式检票机

任务二 自动检票机的认知与操作

任务描述

自动检票机（Automatic Gate，AG），又称闸机，是实现对行人（乘客）通行进行控制，安装在地铁车站付费区和非付费区的分界处的一种设备。自动检票机不仅是轨道交通AFC系统的检票设备，而且由它构成轨道交通中车站的出入口通道。轨道交通中的各个车站的出入口均安装有闸机，乘客出入车站均要经过闸机组成的通道。闸机利用其票卡有效性的识别来对乘客的行为进行识别，从而实现自动检票。

任务目标

- 了解自动检票机的作用；
- 熟悉自动检票机的结构组成；
- 掌握自动检票机的常规操作。

任务学习

一、自动检票机分类

自动检票机按功能分为：进闸机（无回收机构）、出闸机（有回收机构）和双向闸机（有回收机构），三种闸机的外形尺寸相同，其内部采用通用的硬件模块。

自动检票机按阻挡装置的类型分为：三杆式检票机、扇门式检票机和拍打式检票机（见图4-2-1）三大类型。

自动检票机按通道宽度又可分为普通检票机和宽通道检票机两种类型。

图 4-2-1　拍打式检票机

二、自动检票机的结构组成

自动检票机由主控单元、阻挡装置、声光提示装置、车票处理装置等模块组成，如图4-2-2所示。

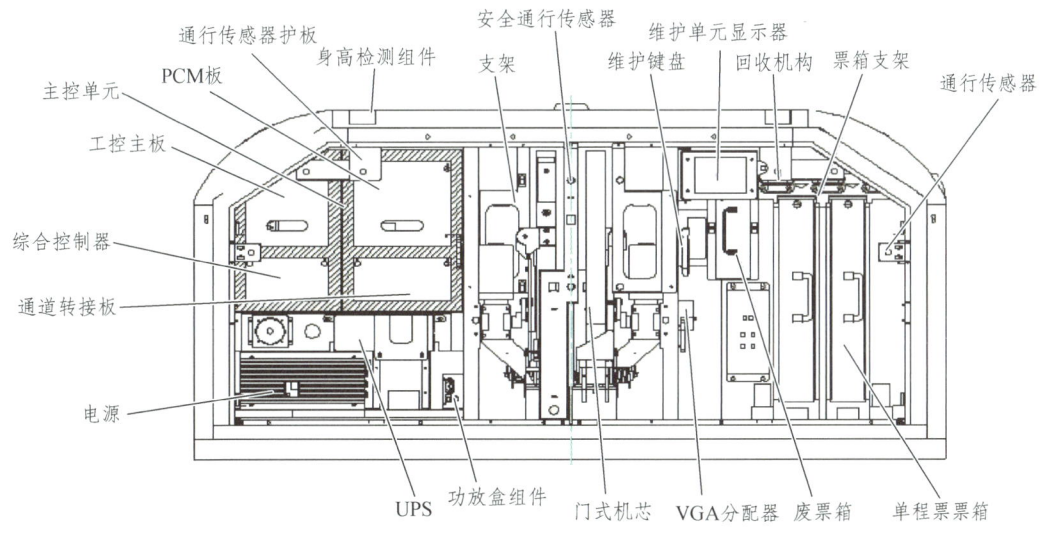

图 4-2-2　自动检票机的结构组成

1. 自动检票机控制模块

每台自动检票机以闸机通道为界被分为两个子机,两个子机分别位于通道的两侧。根据内部结构和功能的不同,子机可以被分为从子机和主子机。从子机是仅仅具有方向指示器、读卡器和半套门机构的子机,主子机不仅具有方向指示、读卡器、语音提示器和另半套门机构而且还具有控制模块。控制模块结构如图4-2-3所示。

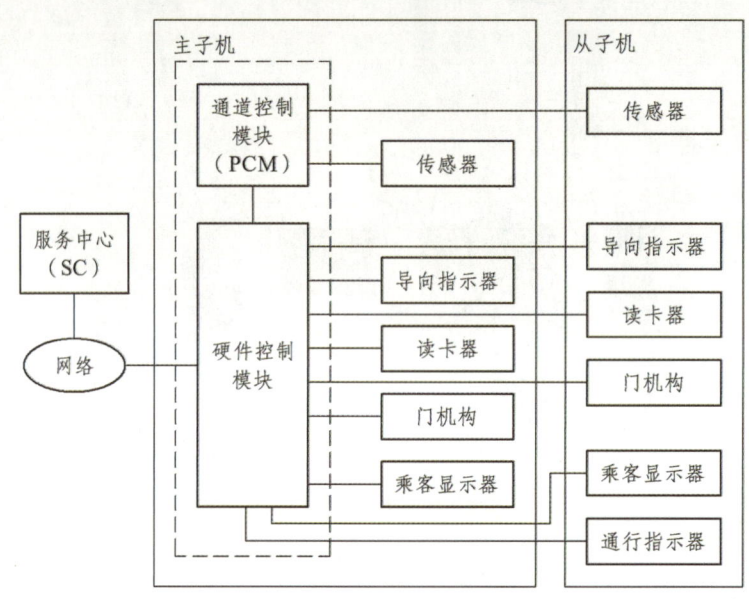

图4-2-3　自动检票机控制模块结构图

控制模块位于主子机上,由通道控制模块(PCM)和硬件控制模块构成。控制模块的主要功能有控制主子机上的门机构、读卡器、方向指示器和语音提示器的工作,控制从子机上的门机构、读卡机、方向指示器的工作,通过网络与服务中心(SC)进行通信,接收和发送必要的信息和数据。

通道控制模块主要负责读取传感器的检测数据,使用内部的通信算法对通道的通行情况进行分析,将分析识别的结果以数据帧的形式发送给硬件控制模块,从而控制主子机和从子机相应部件的工作。例如,当一个乘客长时间停留在通道内时,通道控制模块使用内部的识别算法分析传感器采集到的信息,得出乘客停留超时的识别结果,通道控制模块将该结果以数据帧的形式发送给硬件控制模块。硬件控制模块解析这个数据帧,然后控制语音提示器发出相应的提示语音。

2. 声光提示装置

方向指示器用来表示闸机的通行方向,向乘客传达通行指令。方向指示器显示一个绿色的箭头,表示准行;显示一个红色圆圈包含一个红色叉号或者横线,则表示禁行,如图4-2-4所示。此设计使乘客在30m外的距离也可以明辨标志的内容和含义。

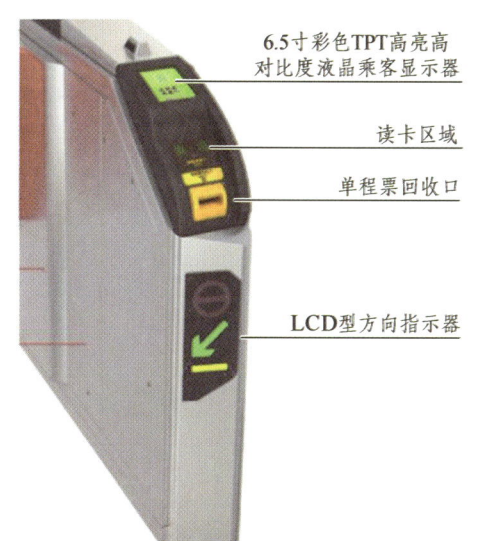

图 4-2-4　方向指示器外部示意图

3. 车票处理装置

车票处理装置是自动检票机的另一个关键部件，车票处理装置负责完成车票的读写、传送及回收处理。车票处理装置主要包括：车票读写设备和车票传送装置两大部分。

对于 IC 车票，目前使用的基本上都是非接触式 IC 芯片车票，只要车票停留在天线感应的范围内都可以读写。因此对于进站交易而言，只需要使用车票读写器就可以完成进站处理而不需要配置传送装置。由于出站时单程使用的 IC 车票都需要回收，因此当使用单程 IC 车票出站时，必须将 IC 车票投入（筹码型）或插入（方卡型）车票处理装置中，车票通过传送装置（通道）到达天线感应区并在此完成车票的读写，交易成功的车票继续经传送装置回收到票箱中，非法车票或交易失败的车票将返回给乘客，由乘客到车站服务中心完成票务更新后再次使用。对于不需要回收的 IC 车票，与进站类似，仅使用车票读写器就可以完成出站处理。

带有票箱的车票处理装置通常需要配置两个票箱，并实时监控票箱的状态，在票箱未安装、票箱将满或票箱已满时需要向主控单元发送相关信息，主控单元将相关信息上传到车站计算机系统（SC）。票箱通常还需要具有计数功能，或由主控单元进行计数。车票处理装置可以根据主控单元的命令将车票回收到指定的票箱中，如图 4-2-5 所示。

车票回收机构主要由以下部分组成：

（1）方卡传输机构；

（2）分拣机构；

（3）回收升降机构；

（4）读写器；

（5）回收票箱（储票箱）；

（6）废票箱；

（7）控制器。

图 4-2-5　票卡回收机构

乘客将需要回收的单程票插入（投入）回收机构内，回收机构将检测到的进票信息发送到闸机控制器。闸机控制器进行单程票的读写操作，根据结果让回收机构回收或退出单程票。票卡回收机构的主要技术指标为：

（1）回收箱数量：2个。

（2）废票箱数量：1个。

（3）回收箱容量：最多 1 000 张/箱。

（4）单程票：卡式单程票，车票尺寸：53.5 mm × 86 mm。

（5）MCBF：1 000 000 次。

（6）通信接口：RS-232 串口。

（7）电源：+12 VDC，2A。

（8）工作环境：

① 工作温度：−5 ~ 60 ℃；

② 存储温度：−20 ~ 70 ℃；

③ 相对湿度：0 ~ 95%（不结露）。

三、自动检票机的常规操作

自动检票机的常规操作主要包括：开关机操作、重新启动操作和更换票箱操作。

更换自动检票机票箱时，在打开自动检票机的维修门后，按维修面板显示要求输入正确的操作员号（ID）和密码，验证成功登录后，选择运营服务中的更换票箱操作，在更换票箱操作中选择取下票箱，当票箱马达完全降下后，双手取出票箱。

更换票箱操作包括拆卸票箱和安装票箱。

拆卸票箱的主要操作流程如下：

（1）接收来自上位机的票箱更换命令。

（2）托盘向下移动。

（3）检测车票的最高位置。当检测到车票的最高位置低于指定的位置时，停止移动托盘。

（4）关上顶盖。

（5）打开工作锁（顶盖被锁上）。

（6）托盘被固定。

（7）拨动开关至"OFF"。

（8）托盘移动机构下降。

（9）拆卸票箱。

拆卸票箱的工作过程中要按顺序进行，在完成当前行动之前不能进入到下一个动作。安装票箱的主要操作流程如下：

（1）利用票箱前面的把手，以水平方向将票箱小心地安装在 ID Connector 上。

（2）检测票箱安装到位（检查票箱 ID）。

（3）拨动开关到"ON"。

（4）托盘移动机构带动托盘向上移动。

（5）检测车票最高位置，当检测到车票最高位置到达指定的位置时，停止移动托盘。

（6）锁上工作锁（顶盖锁机构松开）。

（7）固定托盘的机构松开，打开顶盖。

（8）回收或售模块初始化。

（9）票箱安装完毕后，在维修面板中选择安装票箱，退出维修面板并注销，推进并关好维修门。

设备读到不同的票箱 ID 后计数器清零，完成票箱更换工作，随后站务员将换出的票箱运回票务室进行清点。

四、自动检票机定期维护

1. 自动检票机内部和外部清扫、检查和测试

（1）擦掉所有灰尘并清洁机架内部，移除任何闸机内部的外来物品。

（2）擦洗机箱外部，对内部用吸尘器进行清扫。

（3）检查机架、结构框架以及底座上松动、丢失的螺钉、螺母以及配件。

特别提示：
① 不能使用腐蚀性、酸性、碱性或氯化的清洁剂。
② 清洁时要谨慎，避免水滴入模块的电路板上。
③ 在做各项清扫前一定要将其所涉及的模块断电。

2. 自动检票机传感器清扫、检查和测试

（1）卸下盖板及树脂盖，用清洁棉布和棉棒对人体检测传感器、高度检测传感器、传感器过滤器进行清洁。

（2）打开维修门及中央通道盖，用清洁棉布和棉棒对人体检测传感器、传感器过滤器进行清洁。

（3）通过自动检票机本身测试软件，检查测试各传感器的工作状态是否良好。

表 4-2-1　自动检票机的认知与操作——任务检查单

任务编号	4-2-1	任务名称	自动检票机的认知与操作		
序号		检查内容		是	否
		自动检票机的定义			
1		叙述自动检票机的作用			
2		叙述自动检票机的结构组成			
		自动检票机的分类			
3		叙述自动检票机的分类			
		操作自动检票机			
4		叙述自动检票机的常用操作			
5		叙述自动检票机的维护			

1. 简述自动检票机的组成及各部件功能作用。
2. 自动检票机的操作步骤有哪些？

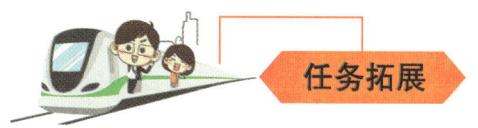

表 4-2-2 闸机的维护——常见故障及解决方法

序号	故障现象	可能的故障原因	解决方法
1	开机无显示	无电源输入	首先检查电源及显示器的连接情况或联系专业维护人员
2		部件连接异常	
3	提示"请稍候…"	通行传感器异常或被异物遮挡	打开维护门检查传感器指示灯或联系专业维护人员
4	提示"暂停服务"（非上级系统控制）	维护门打开或维护门传感器异常	检查维护门情况并联系专业维护人员
5		票箱满或不到位	更换票箱或联系专业维护人员
6		机芯错误	联系专业维护人员
7		卡读写模块故障	检查主机与读写模块的连接情况或联系专业维护人员
8		与维护模块通信异常	对维护模块重新加电并联系专业维护人员
9	通信故障	维护模块未加电	对维护模块上电
10		维护模块未连接好	联系专业维护人员
11	登录不成功	输入用户名或密码错误	重新输入
12		维护时未在限定时间内登录	重新登录

任务三 自动售票机的认知与操作

自动售票机（Ticket Vending Machine，TVM），简称 TVM 机，设于车站非付费区，其功能主要是实现自动充值售票、数据收集和费用结算等。其作为系统的重要终端，直接

面对用户，担负着与用户的沟通、现金支付、自动购票、自动充值、业务处理、数据采集与汇报等诸多功能。

- 了解自动售票机的外部结构；
- 了解自动售票机结构组成；
- 熟悉自动售票机的工作流程。

自动售票机外部结构如图 4-3-1 所示。

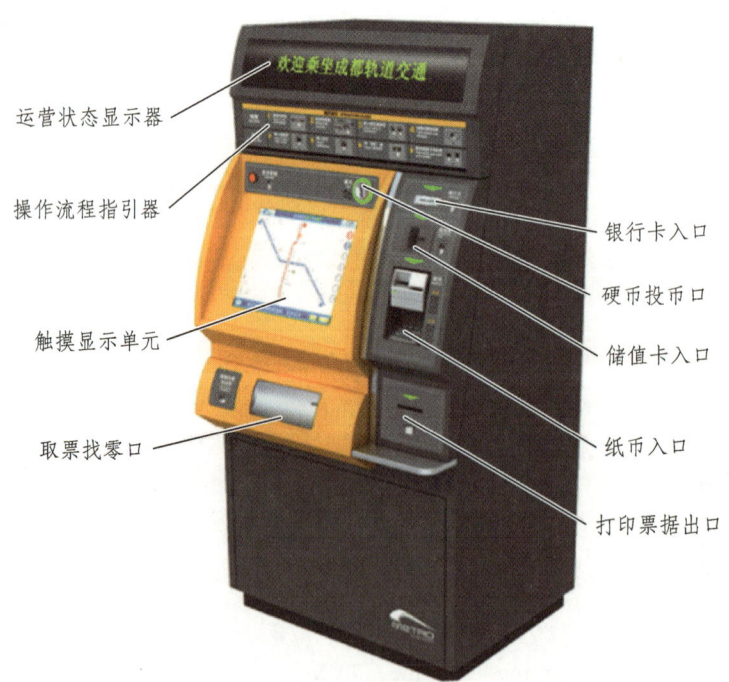

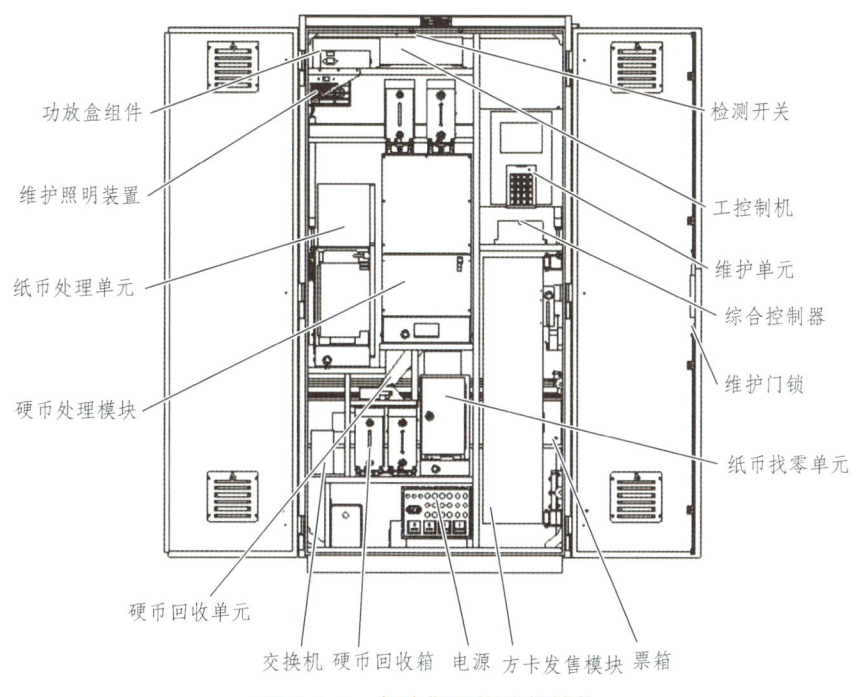

图 4-3-1 自动售票机外部结构

一、自动售票机结构组成

自动售票机的内部硬件很多,如图 4-3-2 所示,主要由以下模块构成。

控制模块:主控板,CPU,内存卡,存储装置(如电子盘),扩展接口等。

乘客使用模块:触摸屏,热敏凭条打印机,状态显示器,充值模块等。

功能模块:纸币单元,硬币单元,票卡发行单元,维修面板等。

其他辅助模块:钱箱,票卡箱,电源,风扇,语言箱,各种指示灯,多种传感器,机器外壳等。

1. 主控单元

主控单元是自动售票机核心部件,负责数据处理和传输,并控制其他模块完成相关操作。它也可以完成与车站计算机的通信,传输交易数据和参数、状态数据,同时接收车站计算机下达的指令。目前,一般采用工控机作为自动售票机的主控单元,工控机具有较多的外部接口,如显示接口、USB 接口、串口、键盘接口等。同时还具有低功耗、散热效果好、安全可靠、性能稳定等优点。

2. 显示器

显示器主要用于自动售票机与乘客的信息交换,便于乘客完成购票等操作。显示器的可视角度应该保证在垂直范围超过 ±45°,水平范围超过 ±65°。显示器同时具有触摸功能保证乘客向自动售票机输入信息。

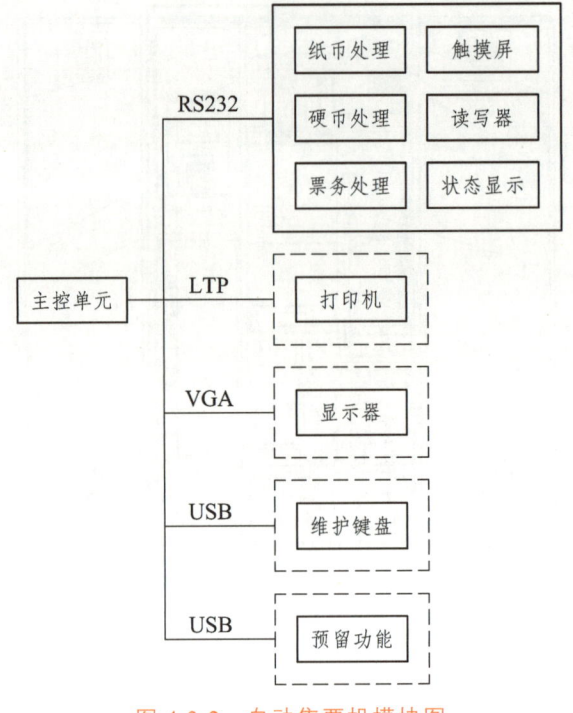

图 4-3-2 自动售票机模块图

3. 硬币处理模块

硬币处理模块主要由机芯、换向器、硬币识别器、出币器、硬币暂存器和硬币钱箱等组成，该模块的主要功能包括：接收、识别硬币和硬币找零。乘客将硬币投入硬币投币口，经过硬币识别器对其真伪进行鉴别，真币将被送入硬币暂存器，假币吐出。交易结束之后，硬币暂存器中的硬币将被送入硬币钱箱，如果交易失败硬币暂存器中的硬币则退还给购票人。

4. 纸币接收模块

纸币接收模块由纸币识别器、纸币暂存器、纸币钱箱等组成，该模块的主要功能包括：接收、识别纸币。在使用纸币购票时，将纸币投入纸币投币口，经过纸币识别器对其真伪进行鉴别，真币被收入纸币暂存器，假币吐出。交易结束之后，纸币暂存器中的纸币将被送入纸币钱箱，如果交易失败纸币暂存器中的纸币则退还给购票人。

5. 票卡读卡器

票卡读卡器可根据系统指令对票卡进行读写操作，当乘客付费完成后票卡读卡器根据主控单元的指令在空白车票内写入数据，并将信息反馈回主控单元。

6. 票卡发售模块

票卡发售模块主要用于发售单程票的票卡，当票箱内票卡数量不足时应及时补充。

7. LED 显示器

LED显示器设置在自动售票机前面板顶部,它可显示自动售票机当前的运行状态,一般要求具有较高的亮度,使远处的乘客能够看清提示信息。

8. 不间断电源

不间断电源是连接外部电源与自动售票机供电系统的中间设备,它可将自动售票机的供电系统与外界隔离,在断电的情况下提供一定时间的稳定电源,保证自动售票机在短时间内仍能够正常工作,用于保存交易数据并正确进入暂停使用或关机状态。

二、工作流程

自动售票机工作流程主要包括:购票流程,充值流程,维护操作流程。

自动售票机的购票流程如图 4-3-3 所示。

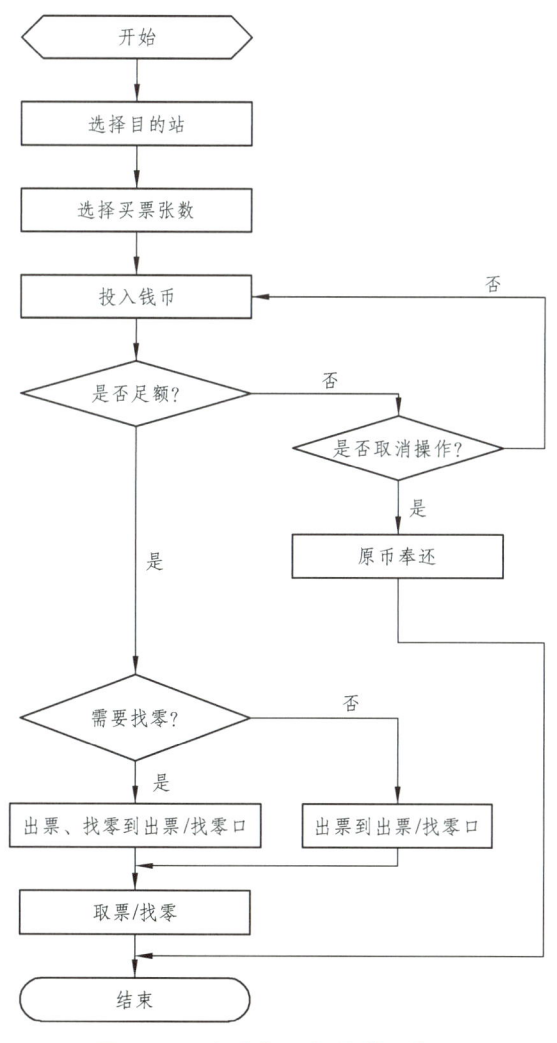

图 4-3-3 自动售票机的购票流程

自动售票机的充值流程如图 4-3-4 所示。

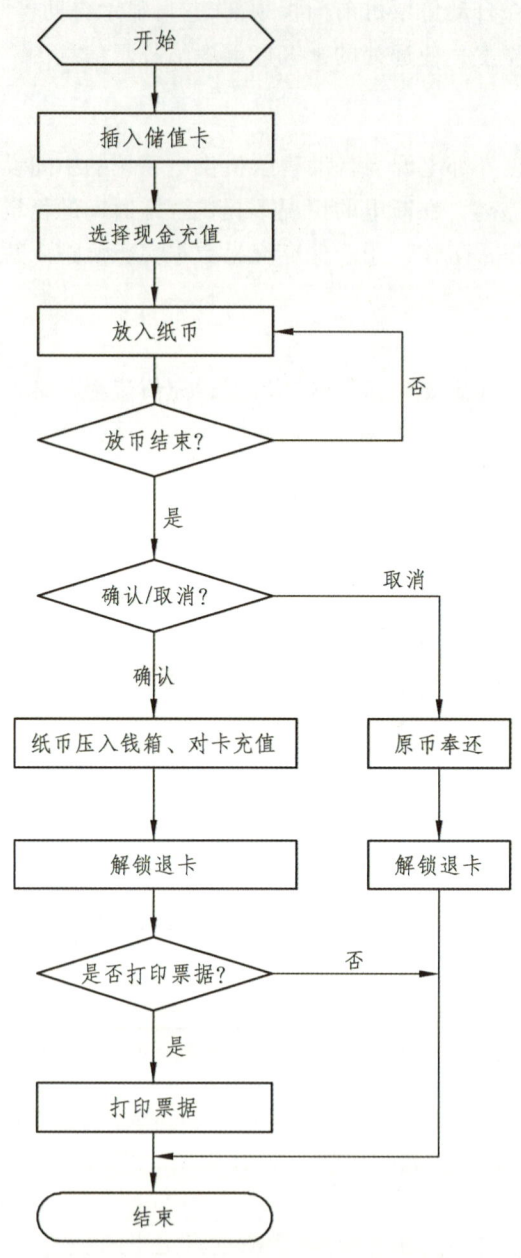

图 4-3-4　自动售票机的充值流程

自动售票机的维护操作流程如图 4-3-5 所示。

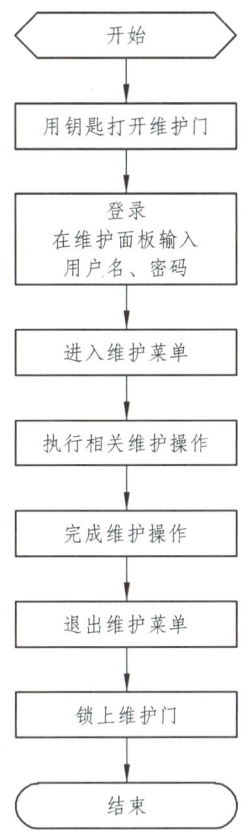

图 4-3-5　自动售票机的维护操作流程

三、自动售票机的工作模式

自动售票机的工作模式原因及工作情况见表 4-3-1。

表 4-3-1　自动售票机的工作模式

模式名称	模式原因	工作情况
本机接收硬币纸币	正常模式	
零钱不足	在正常模式下,找零装置中的硬币少于最少存币值时,自动售票机能自动转换为零钱不足模式。找零硬币最少存币量作为参数可设置	在零钱不足模式下,自动售票机根据存币情况接收满足找零金额的纸币购买单程票
暂不能接收硬币	(1)硬币钱箱满;(2)硬币接收部件发生故障;(3)软件参数设置为不能使用硬币购票,但其他各部件均正常的情况下	能够进行硬币找零,但是不能用硬币购票
暂不能使用硬币	在硬币模块离位或部件发生故障情况下,自动售票机将自动转为拒收硬币模式	自动售票机可以接收储值票购买单程票,也可以接收纸币进行储值票加值,但不接收纸币购票

续表

模式名称	模式原因	工作情况
暂不能使用储值卡	若储值票处理模块发生故障或软件参数设置为不能使用储值卡购票和不能验卡，自动售票机将自动转为拒收储值票模式	在拒收储值票模式，自动售票机可以接收硬币和纸币发售单程票。当储值票处理模块恢复正常后，自动售票机能自动退出拒收储值票模式，并转换到相应的工作模式
暂不能使用纸币	在纸币接收装置故障情况下，自动售票机将自动转为拒收纸币模式	自动售票机可以接收硬币和储值票购买单程票，但不能用纸币购买单程票，也不能进行纸币充值
只能用硬币购票	在纸币接收装置故障或设备运行在无找零模式下，同时储值票处理模块故障情况下，自动售票机将自动转为只收硬币发售单程票模式	在此模式下，自动售票机只能接收硬币发售单程票并且拒收纸币和拒绝处理储值票。故障处理完毕之后自动转换为正常模式
只能用储值卡购票	（1）在纸币模块、硬币模块同时故障； （2）设备运行在无找零模式下、同时硬币接收装置故障情况下，自动售票机将自动转为只接收储值票发售单程票模式	只能使用储值卡购票；是否可以充值根据情况而定
只能用纸币充值	在单程票发售模块故障或单程票存量低于参数设定值时，自动售票机将自动转为只加值模式	纸币模块和储值卡模块工作正常
停止运营	设备时钟不在正常运营时间内	
暂停服务	（1）不能使用储值卡、单程票发售模块故障或单程票存量低于参数设定值； （2）纸币模块故障、单程票发售模块故障或单程票存量低于参数设定值； （3）读写器故障	

表4-3-2 自动售票机的认知与操作——任务检查单

任务编号	4-3-1	任务名称	自动检票机的认知与操作		
序号	检查内容			是	否
	自动售票机的定义				
1	说明自动售票机的作用				
2	叙述自动售票机的结构组成				
	自动售票机的工作模式				
3	说明自动售票机的工作模式				
	操作自动售票机				
4	说明自动售票机的故障操作				

项目四 售检票区

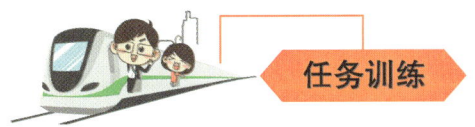

1. 简述自动售票机各部件的功能作用。
2. 自动售票机有哪些工作模式？

表 4-3-3 自动售票机技术参数

序号	名称	技术参数
1	外形尺寸	900 mm×800 mm×1 800 mm（$L×W×H$）
2	外壳材质	2.0 mm 厚不锈钢板
3	显示模块	17寸红外线触摸屏
4	纸币接受模块	50元，20元，10元，5元
5	硬币接受模块	1元硬币
6	纸币找零模块	预留扩展接口
7	硬币找零模块	1元硬币
8	车票出票模块	IC卡式
9	信息提示	绿色 LED 点阵屏
10	供电电源	交流 220 V，50 Hz
11	不间断电源	15 min
12	设备功耗	约 400 W
13	维护方式	前后面板均可维护
14	安装方式	螺栓加固

任务四 半自动售票机的认知与操作

半自动售票机（Booking Office Machine，BOM），简称 BOM 机，通常安装在售/补票

房或车站服务中心内。半自动售票机是轨道交通运营中的重要组成部分。

- 了解半自动售票机结构组成；
- 掌握半自动售票机的常用操作。

半自动售票机是一种由人工参与的售票机，可以完成单程票、计次票、储值票和一卡通票等多种票种的出售，并且可以根据 ACC 系统设置的购票限额、票价表、押金等系统参数实现对乘客买票和检票等环节的管理。BOM 机又称人工售/补票机或票房售/补票机，如图 4-4-1 所示。

图 4-4-1 半自动售票机

一、半自动售票机结构组成

对于半自动售票机运行系统的设计，其结构主要包括主控单元、外置读写器、票据打印机和对话装置等部分，还可以根据需要增设触摸屏、车票处理装置、钱箱等部件。主控单元一般选用高可靠性工业级计算机设备，也可以选用高档的商用计算机，需要具有丰富的外部接口以支持外部设备的连接，并需要保留部分接口以支持未来设备的扩展。

半自动售票机主要设备见表 4-4-1。

表 4-4-1　半自动售票机主要设备

序号	名称	说明
1	主控单元	BOM 专用主机
2	电源模块	为 MCU、TIU 及 MCU 外围设备提供电源
3	IC 卡发售模块 TIU	发售单程 IC 票卡
4	操作员显示器	触摸式液晶显示器，方便售票员操作
5	票据打印机	为购票、充值乘客打印收据
6	桌面 IC 卡读写器	读写 IC 票
7	乘客显示器	为乘客提供文字信息

1. 主控单元

主控单元是整个系统的控制核心，其功能包括数据处理、网络通信、显示等，它与车站 AFC 系统或中心 AFC 系统通过以太网连接，进行数据交换，如图 4-4-2 所示。

图 4-4-2　主控单元

2. 外置读写器

外置读写器由车站工作人员操作，主要是对乘客的单程票、储值票、一卡通等票卡进行查询、充值、读写等处理，如图 4-4-3 所示，其性能参数见表 4-4-2。

图 4-4-3　外置读写器

表 4-4-2　外置读写器性能参数表

读写器接口	端子定义	说明
通信	2：TXD，3：RXD，5：GND	标准 RS-232C 接口，DB9 串口插头
电源	内：+12 V，外：GND	DC 12 V，圆孔电源插孔座

3. 票据打印机

半自动售票机通过票据打印机为乘客提供充值交易凭据，如图 4-4-4 所示，其接口及参数见表 4-4-3。

图 4-4-4　票据打印机

表 4-4-3　票据打印机接口及参数

接口名称	接口类型	说明
通信	RS-232C	
电源	电源适配器输入电压：AC 220 V 输出电压：DC 24 V	打印机工作电压：DC 24 V

4. 钱　箱

钱箱主要用于存放纸币、硬币等，可通过信号驱动电磁锁自动弹开，也可以用钥匙手动打开，如图 4-4-5 所示，其性能参数见表 4-4-4。

图 4-4-5　钱箱

表 4-4-4 钱箱的性能参数

接口名称	接口类型	说明
通信	RS-232C	
电源	电源适配器输入电压：AC 220 V 输出电压：DC 12 V	钱箱工作电压：DC 12 V

5. 对话装置

对话装置是实现操作员与乘客之间的对话及扩音的工具，如图 4-4-6 所示，其性能参数见表 4-4-5。

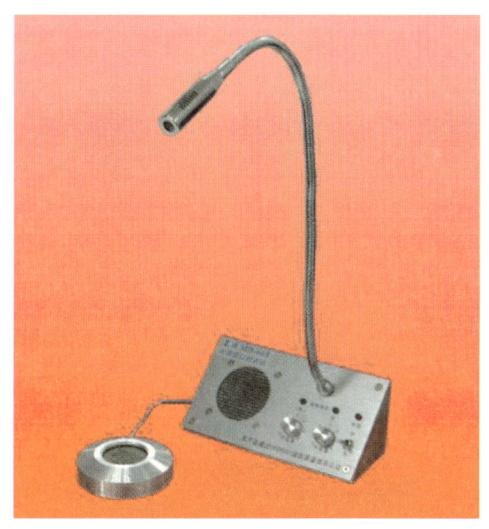

图 4-4-6 对话装置

表 4-4-5 对话装置的性能参数

接口名称	接口类型	说明
电源	电源适配器输入电压：AC 220 V 输出电压：DC 9 V	对讲机工作电压：DC 9 V

二、半自动售票机的常用操作

1. 单程票发售操作

票务员登录半自动售票机后，单击"车票发售"进入车票发售单元的界面，选择乘客所要到达的目的线路和车站，按照单程票的票价收取现金。

2. 补出站票操作

票务员登录半自动售票机后，单击"车票发售"进入车票发售单元的界面，补出站单程车票流程为：选择车站→输入补票金额→输入实收金额→单击发售按钮。

3. 储值票操作

（1）储值票发售

指第一次发售充值，即储值票开卡。票务员将要发售的储值票放在储值票读卡区，单击主界面的"储值票"按钮，进入储值票发售界面，单击"储值票发卡"即可。在向乘客发储值票卡时，须收取一定金额的押金。

（2）储值票充值操作

票务员为乘客办理储值票充值时，将储值票放在读卡区，单击"储值票"按钮，进入储值票操作界面充值即可。

（3）储值票退卡

乘客在将储值票退卡时，票务员将要退的储值票放在储值票读卡区，单击主界面的"储值票"按钮，在储值票操作中单击"储值票退卡"即可。储值票退卡时，在检查储值票卡完好后，须向乘客退还押金。

表 4-4-6　半自动售票机的认知与操作 ——任务检查单

任务编号	4-4-1	任务名称	半自动售票机的认知与操作		
序号	检查内容			是	否
	半自动售票机的定义				
1	说明半自动售票机的作用				
2	叙述半自动售票机的结构组成				
	操作半自动售票机				
3	说明半自动售票机的常用操作				

1. 简述半自动售票机各部件的功能作用。
2. 半自动售票机有哪些常用操作？

项目四 售检票区

半自动售票机的日常维护

为了保证半自动售票机能够长期安全有效地运行,应定期对机器进行维护,在日常维护中应注意以下几个方面:

（1）触摸显示器保持洁净,没有灰尘或其他异物附着;
（2）保证出票口不能有异物遮挡;
（3）不锈钢机壳表面应定期进行清洁,可使用不锈钢保养油;
（4）要防机器表面被硬物划伤,保持表面光洁,擦拭时应使用柔软的清洁材料;
（5）电源插头应防止氧化、沾污,不得损毁漏电伤人;
（6）不得弯折网线,避免接头损伤;
（7）避免硬物撞击售票机。

任务五　自动查询机的认知与操作

自动查询机（Ticket Checking Machine，TCM），简称 TCM 机。安装在非付费区,供乘客自助查看车票的信息及有效性。读取过程不修改车票上的任何数据。自动查询机采用触摸屏的操作方式,由线路中心系统下载乘客服务信息。

● 了解自动查询机的结构组成;
● 熟悉自动查询机的常用操作。

95

城市轨道交通车站设备

任务学习

自动查询机主要由主机、电源、读卡器和触摸显示器等结构组成，具有车票查询和乘客服务信息查询等功能，如图 4-5-1 所示。车票查询是读取卡票信息，不具备写票功能，工作人员将车票在阅读器/天线出示后 1 s 内，能显示车票的查询内容，如图 4-5-2 所示，具体包括车票逻辑卡号；车票类型；余额/使用次数，即显示该车票当前所剩余额及使用次数；车票有效期，即该车票的有限期限；车票无效原因（如安全性检查，出入顺序检查，黑名单票检查，超乘，超时等）；交易历史等。

通过乘客服务信息应满足乘客要求，提供最方便、适用的信息。乘客服务信息查询功能查询的信息可以是 Flash 动画、图片、文本文件。乘客服务信息内容可分类定制，当一屏显示不完时，可使用垂直滚动条翻页，常见的内容有 AFC 系统介绍、AFC 系统使用指南和地铁公告等内容。

图 4-5-1　自动查询机

图 4-5-2　自动查询机界面

项目四 售检票区

表 4-5-1 自动查询机的认知 ——任务检查单

任务编号	4-5-1	任务名称	自动查询机的认知		
序号		检查内容		是	否
		自动查询机的结构组成			
1	叙述自动查询机的结构组成。				
2	说明自动查询机可查询的内容。				

1. 自动查询机所由哪些结构组成？
2. 叙述自动查询机可查询的内容有哪些？

自动加值机（AVM）安装在车站内的非付费区，用于乘客自主完成对储值票的加值，还可以提供车票查验等其他服务加值机允许乘客使用现金或者银行卡对储值票进行加值操作。该设备能存储交易数据、工作状态和运营参数，通过网络和车站计算机实时上传工作状态和交易数据，接受车站计算机的控制命令并执行。自动加值机的主要结构由纸币单元、储值票处理单元、银行卡处理单元、乘客显示器、维护单元和主控单元几部分构成。

项目五

安全设备区

任务一 地铁火灾的认知

随着经济的发展和人口的增多,地铁已作为人们出行的常规交通工具,其安全性越来越被人们重视。火灾是地铁安全事故中最容易发生的事故之一,地铁火灾事故不但极易造成大量的人员伤亡,而且还会引发城市大面积的交通堵塞,因此对地铁火灾事故的分析及预防有着重要的现实意义。

- 了解地铁火灾的危险性;
- 熟悉地铁火灾的特点。

地铁作为现代城市不可或缺的常规交通工具,在人们的生活中发挥着越来越重要的作用,它提供给人们的便利是其他交通工具所无法替代的。但是,由于地铁建筑结

构特殊，其站台、站厅和通行路线一般设置在地面以下；运营线路长，线路跨度至少几至几十公里；客流量大，是人流量较集中的场所。一旦发生火灾事故，人员疏散与扑救都较困难，极易造成严重后果。

依据《火灾分类》(GB/T 4968—2008)国家标准，火灾根据可燃物的类型和燃烧特性，分为A、B、C、D、E、F、K七类，见表5-1-1。

表5-1-1　火灾的分类

A类火灾	指固体物质火灾	这种物质通常具有有机物质的性质，一般在燃烧时能产生灼热的余烬。如木材、煤、棉、毛、麻、纸张等火灾
B类火灾	指液体或可熔化的固体物质火灾	如煤油、柴油、原油、甲醇、乙醇、沥青、石蜡等火灾
C类火灾	指气体火灾	如煤气、天然气、甲烷、乙烷、丙烷、氢气等火灾
D类火灾	指金属火灾	如钾、钠、镁、铝镁合金等火灾
E类火灾	带电火灾	物体带电燃烧的火灾
F类火灾	烹饪器具内的烹饪物（如动植物油脂）火灾	烹饪器具内的烹饪物（如动植物油脂）火灾
K类火灾	食用油类火灾	通常食用油的平均燃烧速率大于烃类油，与其他类型的液体火灾相比，食用油火灾很难被扑灭，由于有很多不同于烃类油火灾的行为，它被单独划分为一类火灾

一、地铁火灾的危险性

（一）空间小、人员密度和流量大

地下车站和地下区间是通过挖掘的方法获得的地下建筑空间，仅有与地面连接相对空间较小的地下车站通道作为出入口，不像地上建筑有门、窗，可与大气相通。因此，相对空间小、人员密度大和流量大是地铁最为显著的特征。

（二）用电设施、设备繁多

地铁内的车辆、通信、信号、供电、自动售检票、空调通风、给排水等数十种机电系统设施和设备，共同组成了庞大复杂的交通系统。强弱电电气设备、电子设备不仅种类繁多而且配置复杂，供配电线路、控制线路和信息数据布线等密如蛛网，一旦出现绝缘不良或短路等故障，极易引发电气火灾，并沿着线路迅速蔓延。

（三）动态火灾隐患多

地铁内客流量巨大，人员复杂，难以对乘客所带物品、乘客行为等进行控制，如乘客违反有关安全乘车规定，擅自携带易燃易爆物品乘车，在车上吸烟、人为纵火等动态隐患造成消防安全管理难度较大，潜在火灾隐患多。

二、地铁火灾的特点

（一）火情探测和扑救困难

地铁的出入口数量有限，而且出入口又通常是火灾发生时的出烟口，因此消防人员不易接近着火点，扑救工作难以展开。再加上地下工程对通信设施的干扰较大，扑救人员与地面指挥人员通信、联络也比较困难，也增加了消防扑救工作的难度。

（二）氧含量急剧下降

地铁火灾发生后，由于地下建筑的相对封闭性，大量的新鲜空气难以迅速补充，致使空气中氧气含量急剧下降，容易导致人员因窒息死亡。

（三）产生有毒烟气、排烟排热效果差

由于地铁内乘客携带物品种类繁多，大多为可燃物品，因此一旦引燃很容易蔓延扩大，产生大量的有毒烟气。由于地铁空间狭小，大量烟气集聚在车厢内无法及时扩散，短时间内迅速扩散至整个地下空间，造成车厢内人员吸入有毒烟气中毒死亡。

（四）人员疏散困难

首先，地铁完全靠人工照明，在客观上存在比地面建筑自然采光要差许多。发生火灾事故时正常照明有可能被中断，人的视觉完全靠应急照明灯和疏散指示标志保证，此时如果再没有应急照明灯照明，则车站和区间将一片漆黑，使人看不清逃离路线且疏散极为困难。其次，地铁发生火灾事故时只能通过地面出口逃生，地面建筑内发生火灾时人员的逃生方向与烟气的自然扩散方向相反，人往下逃离就有可能免受烟气的危害，而在地铁里发生火灾时，人只有往上逃到地面才能安全，即人员的逃生方向与烟气的自然扩散方向一致，但烟的扩散速度一般比人的逃离速度快，因此人员疏散更加困难。

表 5-1-2 地铁火灾的认知——任务检查单

任务编号	5-1-1	任务名称	地铁火灾的认知		
序号	检查内容			是	否
	地铁火灾的危险性				
1	叙述地铁火灾有哪些危险性				
	地铁火灾的特点				
2	叙述地铁火灾的特点				

1. 简述地铁火灾的危险性有哪些？
2. 简述地铁火灾的特点有哪些？

国内外地铁火灾事故情况一览

时间	地点	原因及事故类型	后果
1903年8月	法国巴黎	车厢是用木质材料进行装修	84名乘客不幸在地铁中丧生
1971年12月	加拿大蒙特利尔	地铁机车短路诱发火灾	36辆车被毁，司机死亡
1973年3月	法国巴黎	第七节车厢人为纵火	车辆被毁，2人死亡
1974年1月	加拿大蒙特利尔	车辆内废旧轮胎引起电线短路引发火灾	9辆车被毁，300 m电缆被烧断
1974年	俄罗斯莫斯科	车站平台引发火灾	中断运营，无伤亡
1975年7月	美国波士顿	隧道照明线路被拉断，引发大火	中断运营，无伤亡
1976年5月	葡萄牙里斯本	火车头牵引失败，引发火灾	4辆车被毁
1976年10月	加拿大多伦多	人为纵火	4辆车被毁
1977年3月	法国巴黎	天花板坠落引发火灾	无伤亡
1978年10月	德国科隆	丢弃未熄灭的烟头引发火灾	伤8人
1979年1月	美国旧金山	电路短路引起火灾	死亡1人，伤56人
1979年3月	法国巴黎	乘客车厢电路短路引发大火	毁车1辆，伤26人
1979年9月	美国费城	丢弃未熄灭的烟头引燃油箱	2辆车燃烧，4名乘客受伤
1980年4月	德国汉堡	车厢座位着火	2辆车被毁，伤4人
1980年6月	英国伦敦	丢弃未熄灭的烟头引起火灾	死亡1人
1981年6月	俄罗斯莫斯科	电路引起火灾	死亡7人
1981年9月	德国波恩	人员操作失误导致火灾	车辆报废，无人员伤亡
1982年3月	美国纽约	传动装置故障引发火灾	伤86人，1辆车报废
1982年6月	美国纽约	人为纵火	4辆车被毁
1982年8月	英国伦敦	电路短路引起火灾	伤15人，1辆车被毁
1983年8月	日本名古屋	地铁站变电所起火	大火燃烧了3个多小时，3名消防队员死亡，3名救援队员受伤
1983年9月	德国慕尼黑	电路着火	2辆车被毁，伤7人
1984年9月	德国汉堡	列车座位着火	2辆车被毁，伤1人
1984年11月	英国伦敦	车站站台引发大火	车站损失巨大

续表

时间	地点	原因及事故类型	后果
1985年4月	法国巴黎	垃圾引发大火	伤6人
1987年11月	英国伦敦	地铁站机房内产生电火花,引燃自动扶梯的润滑油导致大火	32人丧生,100多人受伤,地下二层的两座自动扶梯和地下一层的售票厅被烧毁
1991年4月	瑞士苏黎士	地铁机车电线短路起火	重伤58人
1991年6月	德国怕林	人为纵火	18人送医院急救
1995年10月	阿塞拜疆	电动机车电路故障引起火灾	死亡558人,伤269人
1999年5月	白俄罗斯	地铁车站人数过多,引发踩踏	54人被踩死
2000年11月	奥地利萨尔茨堡州	列车上的电暖空调过热,使保护装置失灵引发火灾	死亡155人,受伤18人
2003年2月	韩国大邱	人为纵火	死亡140人,伤289人,失踪318人
2003年1月	英国伦敦	列车撞月台引发大火	至少造成32人受伤
2004年1月	香港	人为纵火	有14人不适送院

说明:本表收集的数据为国内外发生的给社会造成一定影响的事故。

任务二　常见消防器材的使用

人们掌握一定的消防常识,懂得常见灭火器材的使用方法,掌握扑灭初期火灾的技能,是完全有可能把火灾扑灭在萌芽状态下的。本任务我们将学习一些常见消防器材的性能、适用范围以及其使用方法。

- 了解灭火器的定义和类别;
- 掌握操作二氧化碳灭火器、干粉灭火器、泡沫灭火器的方法。

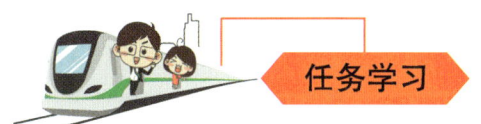

任务学习

一、灭火器概述

灭火器是由筒体、器头、喷嘴等组成，借助驱动压力可将所充装的灭火剂喷出，达到灭火的目的。灭火器由于结构简单，操作方便，轻便灵活，使用面广，是扑救初期火灾的重要消防器材。

二、灭火器的类别

灭火器的种类很多，按其移动方式可分为：手提式灭火器和推车式灭火器两类；按驱动灭火剂的动力来源可分为：储气瓶式灭火器、储压式灭火器、化学反应式灭火器三类；按所充装的灭火剂可分为：泡沫灭火器、干粉灭火器、卤代烷灭火器、二氧化碳灭火器、酸碱灭火器、清水灭火器等种类。

三、二氧化碳灭火器

（一）二氧化碳灭火器的灭火原理

二氧化碳系惰性气体，本身不燃亦不助燃。覆盖火区可隔绝空气，使火熄灭。二氧化碳灭火器利用其内部充装的液态二氧化碳的蒸气压将二氧化碳喷出灭火。

（二）二氧化碳灭火器的适用范围

二氧化碳灭火器适用于扑救 600 V 以下的带电电器、贵重设备、图书资料、仪器仪表等场所的初期火灾，以及一般可燃液体的火灾。

（三）二氧化碳灭火器的使用方法

1. 手提式灭火器

灭火时只要将灭火器提到火场，在距燃烧物 5 m 左右，放下灭火器拔出保险销，一手握住喇叭筒根部的手柄，另一只手紧握启闭阀的压把。对没有喷射软管的二氧化碳灭火器，应把喇叭筒往上扳 70°～90°。使用时，不能直接用手抓住喇叭筒外壁或金属连接管，防止手被冻伤。灭火时，当可燃液体呈流淌状燃烧时，使用者应将二氧化碳灭火剂的喷流由近而远向火焰喷射。

如果可燃液体在容器内燃烧时，使用者应将喇叭筒提起，从容器的一侧上部向燃烧的容器中喷射，但不能将二氧化碳射流直接喷到可燃液面上，以防止将可燃液体冲出容器而扩大火势，造成灭火困难。

2. 推车式灭火器

推车式二氧化碳灭火器，一般由两人操作，使用时由两人一起将灭火器推或拉到燃烧处，在离燃烧物 10 m 左右停下，一人快速取下喇叭筒并展开喷射软管后，握住喇叭筒根部的手柄，另一人快速按顺时针方向旋动手轮，并开到最大位置。灭火法与手提式灭火器的使用方法相同。

（四）注意事项

如果在室外使用二氧化碳灭火器时，应选择在上风方向喷射；如果在室内窄小空间使用时，灭火后操作者应迅速离开，以防窒息。

（五）二氧化碳灭火器的维护

（1）二氧化碳灭火器应存放在阴凉、干燥、通风处，不得接近火源，环境温度 -5 ~ 45 ℃ 为宜。

（2）灭火器每半年检查一次质量，用称重法检查。称出的重量与灭火器钢瓶肩部打的钢印总质量相比较，如果低于钢印所示量 50 g 的，应送维修单位检修。

（3）每次使用后或每隔五年，应送维修单位进行水压试验。水压试验压力应与钢瓶肩部所打钢印的数值相同。水压试验同时还应对钢瓶的残余变形率进行测定。只有水压试验合格且残余变形率小于 6% 的钢瓶才能继续使用。

四、干粉灭火器

（一）干粉灭火器的灭火原理

干粉灭火器以液态二氧化碳或氮气作动力，将灭火器内干粉灭火剂喷出进行灭火。

（二）干粉灭火器的适用范围

干粉灭火器适用于扑救石油及其制品、可燃液体、可燃气体及带电设备的初期火灾。

（三）手提式干粉灭火器

手提式干粉灭火器灭火时，可手提或肩扛灭火器快速奔赴火场，在距燃烧处 5 m 左右，放下灭火器做好灭火准备。如在室外，应选择在上风方向喷射。灭火时，操作者应一手握紧喷枪，另一手提起储气瓶上的开启环。如储气瓶的开启环是手轮式的则按逆时针方向旋开，并旋到最高位置，随即提起灭火器灭火。当干粉喷出后，迅速对准火焰的根部扫射。使用的干粉灭火器若是内置式储气瓶或者是储压式灭火器，操作者应先将开启把上的保险销拔下，然后握住喷射软管前端喷嘴根部，另一手将开启压把压下，打开灭火器进行喷射灭火。有喷射软管的灭火器或储压式灭火器，在使用时，应始终压下压把且不能放开，否则会中断喷射。

用干粉灭火器扑救可燃、易燃液体火灾时，应对准火焰根部扫射。如被扑救的液体火灾呈流淌燃烧时，应对准火焰根部由近而远，并左右扫射，直至把火焰全部扑灭。如果可燃物在容器内燃烧，使用者应对准火焰根部左右晃动扫射，使喷射出的干粉流覆盖整个容器开口表面，当火焰被赶出容器时，使用者仍应继续喷射，直至将火焰全部扑灭。在扑救容器内的燃液体火灾时，应注意不能将喷嘴直接对准液面喷射，防止喷流的冲击力，使可燃液体溅出而扩大火势，造成灭火困难。

如果当可燃液体在金属容器中燃烧时间过长，容器的壁温已高于被扑救可燃液体的自燃点，此时极易造成灭火后再复燃的现象。若与泡沫类灭火器联用，则灭火效果更佳。

（四）推车式干粉灭火器

1. 推车式干粉灭火器的使用方法

推车式干粉灭火器的使用方法与手提式干粉灭火器的使用方法相同。

2. 干粉灭火器的维护

（1）灭火器应放置在通风干燥、阴凉并取用方便的地方，环境温度在 -5~45 ℃ 为宜。

（2）灭火器应避免高温、潮湿和有腐蚀严重的场合，可防止干粉灭火剂结块、分解。

（3）每半年检查干粉是否结块，储气瓶内二氧化碳气体是否泄漏。检查二氧化碳储气瓶，应将储气瓶拆下称重，称出的质量与储气瓶上钢印所标的数值是否相同。如小于所标值 7 g 以上时，应送维修部门修理。如果是储压式则检查其内部内压显示器的指针是否指在绿色区域。如指针已在红色区域，则说明内部压力已泄漏无法使用，应及时送维修部门检修。

（4）灭火器一经开启必须再充装，在充装时，绝对不能变换干粉灭火剂的种类，即碳酸氢钠干粉灭火剂不能换装磷酸铵盐干粉灭火剂。

（5）每次在充装前或在灭火器出厂 3 年后，应进行水压试验，水压试验时对灭火器上筒体和储气瓶应分别进行，其水压试验压力应与该灭火器上贴花或钢印所示的压力相同。水压试验合格后才能再次充装使用。

（6）维护必须由经过培训的专人负责、修理，再充装应送专业维修单位进行。

五、泡沫灭火器

泡沫灭火器内充装的是泡沫灭火剂，常见的有化学泡沫灭火器和空气泡沫灭火器。

1. 化学泡沫灭火器

化学泡沫灭火器内充装有酸性（硫酸铝）和碱性（碳酸氢钠）两种化学药剂的水溶液。使用时，两种溶液混合引起化学反应生成泡沫，并在压力的作用下喷射出去进行灭火。化学泡沫灭火器有手提式、舟车式和推车式3种。

2. 适应火灾及使用方法

（1）适用范围

适用于扑救一般B类火灾，如石油制品、油脂等火灾，也可适用于A类火灾，但不能扑救B类火灾中的水溶性可燃、易燃液体的火灾，如醇、酯、醚、酮等物质的火灾，也不能扑救带电设备及C类和D类火灾。

（2）使用方法

用手提筒体上部的提环，迅速奔赴火场，在行进的过程中应注意不得使灭火器过分倾斜，更不可横拿或颠倒，以免两种药剂混合而提前喷出。当距离着火点10 m左右，即可将筒体颠倒过来，一只手紧握提环，另一只手扶住筒体底圈，将射流对准燃烧物，在扑救可燃液体火灾时，如已呈流淌状燃烧，则将泡沫沿着内壁流淌，逐步覆盖着火液面，切忌直接对准液面喷射，以免因射流的冲击，将燃烧的液体冲散或冲出容器，导致燃烧范围扩大。在扑救固体物质的火灾时，应将射流对准燃烧最猛烈处进行灭火。灭火时，随着有效喷射距离的缩短，使用者应逐渐向燃烧区靠近，并始终保持将泡沫喷射在燃烧物上，直至扑灭，同时，灭火器应始终保持倒置状态，否则会中断喷射。

六、灭火器的维护保养

（1）灭火器存放应选择干燥、阴凉、通风并取用方便之处，不可靠近高温或可能受到曝晒的地方，以防止碳酸氢钠分解而失效；冬季要采取防冻措施，以防止冻结；并应经常擦除灰尘、疏通喷嘴，使之保持通畅。

（2）每年应定期打开筒盖检查碳酸氢钠溶液是否失效，一旦发现失效应立即更换。检查方法：从筒体内取三份碳酸氢钠溶液，在瓶胆内取一份硫酸铝溶液，然后将两种溶液快速一并倒入量杯内，看产生的泡沫是否高于四份溶液体积的6倍及以上。如高于6倍时，则可继续保存；如低于6倍时，则应更换碳酸氢钠溶液。

（3）若灭火器为可供循环使用的灭火器材。每次使用后，应及时打开筒盖，把筒体和瓶胆等清洗干净，并充入新的灭火药剂。

（4）每次更换灭火药剂或使用期已满2年及以上的，每年送请有关检修单位进行水压试验。试验压力为该灭火器设计压力的1.5倍，试验合格后方可继续使用，并在灭火器上标明试压试验的日期。

表 5-2-1 常见消防器材的使用 ——任务检查单

任务编号	5-2-1	任务名称	常见消防器材的使用		
序号		检查内容		是	否
		灭火器的定义			
1	叙述灭火器的作用				
2	叙述灭火器的定义				
		灭火器的分类			
3	叙述灭火器的分类				
4	叙述不同灭火器使用的范围				
		操作灭火器			
5	叙述不同灭火器的原理				
6	叙述灭火器的使用维护				

1. 简述灭火器的分类。
2. 简述不同灭火器的适用范围及原理。

灭火的基本方法

1. 隔离灭火法

隔离灭火法是指将正在燃烧的物质与周围还没有燃烧的可燃物质隔离或移开,将可燃物的供给中断掉,燃烧便会因缺少可燃物质而停止。隔离的常用方法有:

(1)把液体管道、可燃气体的阀门关掉;
(2)搬走火源周围的易爆、易燃、可燃物质;
(3)想办法阻止易燃、可燃物品的流散;

（4）如果条件允许的话，和火源相近的易燃建筑物要拆除，防止火势蔓延的空间得以形成。

2. 冷却灭火法

冷却灭火法是指将灭火剂直接喷洒到正在燃烧的物体上使燃烧物的燃烧温度降低到燃点以下，燃烧便会停止。也可以在火源附近的物品上喷洒灭火剂，这样便不会因火焰的热辐射形成新的火点。冷却灭火法是灭火的主要办法，人们经常使用水和二氧化碳作为灭火剂来降温灭火。

3. 窒息灭火法

窒息灭火法是指用不可燃物品降低空气中的氧气含量或者阻止空气逸入燃烧地带，燃烧物因没有了充足的氧气便会停止燃烧。窒息灭火的常用方法有：
（1）将水泥、沙土、湿棉被、湿麻袋等物品覆盖在燃烧物上；
（2）产生火灾的设备、容器可以注入二氧化碳、水蒸气或者是氮气等惰性气体；
（3）在燃烧物上喷洒干粉、泡沫、雾状水等灭火剂；
（4）将孔洞、设备和起火建筑密闭起来。

任务三　地铁火灾的应急处理

地铁客流量大、空间封闭，并且空间连续性强，出入口较少，电气设备多，空间湿度大，所以一旦发生意外则后果不堪设想。所以我们应掌握针对不同情况下发生的地铁火灾的应急处理方法。

- 掌握地铁车厢发生火灾时的逃生方法；
- 熟悉不同地点发生火灾乘客疏散的方向；
- 根据岗位要求模拟演练地铁火灾的处理流程。

一、地铁车厢发生火灾时的逃生方法

（1）地铁中发现车厢停电，并有异味、烟雾等异常情况，应立即按响车厢内的紧急报警装置立刻通知司机。

（2）地铁失火时，不要惊慌应保持镇静，不要任意扒门，更不能跳下轨道，耐心地等待车站工作人员的到来。要会用车厢内的消防器材，奋力将小火控制、扑灭。

（3）地铁站都会设有事故照明指示灯，疏散时注意看指示灯标志。

（4）按照广播以及司机、车站工作人员的指引，做好个人防护（如毛巾捂鼻等），迅速有秩序地疏散到地面。

二、车站发生火灾时乘客的疏散方向

（1）站厅层设于站台层之上时，当站台层发生火灾时可往上层站厅方向疏散。当站厅层发生火灾时，可往地面疏散。站台层滞留乘客可通过列车往下一站疏散。

（2）站厅层设于站台层之下时，当站厅层发生火灾，站厅乘客可直接往地面疏散，此时可落下设于站厅通往站台层所有楼扶梯口的防火卷帘。滞留在站台的乘客可乘列车往下一站疏散。当站台层发生火灾时，站台层的乘客可经下一层站厅层往地面疏散。

（3）当地下一层的轨道区或侧式站台发生火灾时，两侧侧站台乘客均可往地面疏散。

三、地下区间发生火灾时乘客的疏散方向

列车在地下区间运行时，一旦列车发生火灾事故，只要不完全失去动力，应尽量使列车开行到前方车站进行疏散。下面是火灾列车滞留在区间隧道内的几种工况：

1. 列车头节（尾节）发生火灾

（1）火灾位于列车头节时，列车尾端侧车站送风，列车头端侧车站排烟，使区间形成 2～11 m/s 的纵向气流。

（2）列车尾节端门打开，乘客下到道床面向列车尾侧车站疏散。

（3）设有纵向疏散平台的区间，与端门同时打开列车侧门（每节车辆宜打开 1～2 扇）向纵向疏散平台疏散。

（4）从纵向疏散平台上疏散的乘客一旦离开火灾源，可分流下到道床面疏散。从平台上疏散或在道床面上疏散的乘客遇联络通道处均转到非火灾区间疏散。

（5）列车尾节火灾工况与头节火灾工况相同，仅疏散与防排烟运作模式与上述反向运作。

2. 列车中部节发生火灾

列车中部节发生火灾时，一般为了避免更多的乘客受烟气影响，火灾通风气流与行车方向一致，疏散路径、通风模式同列车头节火灾模式一样，但应打开列车头几节车厢的侧门，而尾几节尽量不打开，充分利用纵向疏散平台，向尾节方向疏散。

3. 列车发生火灾的部位不明

当列车发生火灾的部位不明时，通风气流方向宜与列车行驶方向一致，即同列车头节火灾运作模式，但应尽量利用打开列车侧门，在 纵向平台上进行疏散。若此时列车头、尾节疏散门打开，则无法把握。乘客在纵向疏散平台上疏散方向，按设于平台上与区间事故风机联动的疏散指示标志方向疏散。

4. 长区间隧道内两列车中的一列发生火灾

对于长区间隧道内同时存在两列车时，其中一列车火灾时，利用一座中间风井和一座车站来组织通风排烟进行疏散。

四、地铁火灾救援程序

地铁设备区火灾应急处理程序见表 5-3-1，车站站厅公共区火灾应急处理程序见表 5-3-2。

表 5-3-1　地铁火灾应急处理程序

巡视岗	（1）立即赶到现场协助灭火，确认火势不可控制时，立即关停扶梯，并组织站台乘客向外疏散； （2）确认站台乘客疏散完毕后报车控室； （3）听从值班站长安排
行车值班员	（1）接收到火警信息后，立即通知值班站长、客运值班员到报警点确认； （2）确认发生火灾后，通知巡视岗、保洁等驻站人员协助灭火，报环调、行调119、地铁公安和120，根据情况向行调申请列车在本站通过； （3）按压 AFC 紧急按钮，将闸机设为紧急模式； （4）广播通知所有岗位执行设备区火灾应急疏散处理程序，并反复广播引导乘客疏散； （5）及时将火灾情况报告行调，并与行调、值班站长保持联系，确认保洁人员到紧急出口处接消防人员； （6）撤退时，随身携带与行调联系的无线电台； （7）必要时，将相关设备区通道门门禁设置为常开状态，以方便抢险

续表

值班站长	（1）接到火警通知后，立即携带相应房间钥匙等到现场确认，组织灭火； （2）确认火灾不可控制时，关闭火灾房间的防火门，执行设备区火灾应急疏散处理程序，及时组织疏散乘客； （3）安排人员在地铁出入口拦截乘客进站； （4）消防队到现场后，将有关信息通报给消防负责人后，视情况组织员工灭火或撤退，当撤退时负责确认所有站内人员都疏散完毕； （5）负责与各方的协调与沟通
客运值班员	（1）接到火警通知后，立即赶到现场协助灭火，确认火不可控制时，立即赶到车控室，确认相应的火灾模式开启（注意确认疏散指示开启，下同）； （2）确认所有闸机已设为紧急模式，按照环调的指示操作有关设备，确认行车值班员报警情况； （3）听从值班站长安排
售票员（1）	（1）接到执行火灾应急疏散处理程序的通知后，收好钱和票，关闭票厅电源，确认闸机进入紧急模式，打开边门，利用手提广播疏导乘客出站； （2）确认已关停电扶梯； （3）到地铁出入口拦截乘客，并做好解释工作，阻止乘客进站
售票员（2）	（1）接到执行火灾应急处理程序的通知后，收好钱和票，关闭票厅电源； （2）确认闸机进入紧急模式，打开边门，利用手提广播疏散乘客出站； （3）确认站厅乘客全部疏散，并在出站后报车控室； （4）听从值班站长安排
保洁、商铺等驻站人员	（1）接到通知后立即赶到现场协助灭火； （2）确认火灾不可控制时，保洁员到车控室拿"安民告示"到出入口张贴，并关停出入口扶梯，待消防队到来后，引导到现场灭火； （3）其他驻站人员协助疏导乘客出站
司机	（1）当行调通知在火灾站的前方站停车时，在站台开门待令，并做好乘客广播； （2）接到车站发生火灾的通知后，行调决定在火灾站停车时，司机做好乘客广播，通知车上乘客在该站不下车； （3）如行调决定在火灾站通过时，司机做好乘客广播并加强瞭望确认进路； （4）当列车停在火灾站时，不可开门，直接开往下一站
备注	（1）当进行现场处理时，要注意做好个人防护； （2）当员工需撤离到站外时，需到紧急出口处进行集中，由值班站长点名确认，并向行调留下联系人及其电话； （3）换乘站发生类似紧急情况时，车站要进行联动处理； （4）只有一个票厅岗的车站，由值班站长安排人员负责完成售票员（1）或（2）的应急工作； （5）有需要时，进行门禁紧急释放按钮操作，保障相关人员可以顺利地进出车站设备区； （6）车站无气体灭火系统保护的供电用房报火警时： ① 若确认为是办公、生活用品、明敷低压电线着火，车站立即用二氧化碳或干粉灭火器进行灭火并按规定报告。确认火势不可控制时，按前程序处理。 ② 供电用房内设备着火时：a. 确认为直流开关柜室内的整流器柜、负极柜，或者制动控制室、制动电阻室内设备着火，进入房间灭火时不得打开柜门，只需用灭火器对准设备外表喷洒；b. 若整流变压室报火警，只需打开室门确认即可，严禁打开室内的围网。确认火灾后，立即在围网外用灭火器对准设备外表喷洒；c. 上述供电用房内的其他设备以及其他供电用房内的设备着火时，可以打开柜门的设备，均可打开柜门灭火，并要注意做好个人防护（戴绝缘手套、穿绝缘靴）；d. 供电用房内凡张贴了"禁止开柜门灭火"标志的设备，均严禁开柜门灭火。车站设备房（有气体保护）火灾应急处理程序与上述相似

表 5-3-2　车站站厅公共区火灾应急处理程序

岗位	处理程序
售票员（1）	（1）确认并报告车控室火灾位置、大小、火灾性质等，进行第一时间的灭火； （2）确认火灾不可扑救后，立即关停扶梯并疏散乘客出站； （3）确认站厅乘客疏散完毕后报车控室； （4）听从值班站长安排
行车值班员	（1）接收到火警信息后，立即通知值班站长、客运值班员到报警点确认； （2）确认发生火灾后，通知巡视岗、保洁等驻站人员协助灭火；报环调、行调、119、地铁公安和120，根据情况向行调申请列车在本站通过； （3）按压AFC紧急按钮，将闸机设为紧急模式； （4）广播通知所有岗位执行站厅火灾应急疏散处理程序，并反复广播引导乘客疏散； （5）及时将火灾情况报告行调，并与行调、值班站长保持联系，安排保洁人员到紧急出口处接消防人员； （6）必要时，将相关设备区通道门门禁设置为常开状态，以方便抢险； （7）需撤退时，随身携带与行调联系的无线电台
值班班长	（1）接到火警通知后，立即到现场确认，组织灭火； （2）确认火灾不可控制时，执行站厅火灾应急疏散处理整序，及时组织疏散乘客； （3）安排人员在出入口拦截乘客进站； （4）消防队到现场后，将有关信息通报给消防负责人后，视情况组织员工灭火或撤退，当撤退时负责确认所有站内人员都疏散完毕； （5）负责与各方的协调与沟通
客运值班员	（1）接到火警通知后，立即赶到车控室，确认情况和开启相应的火灾模式（注意确认疏散指示开启，下同）； （2）赶到现场协助，当火灾不可控制时，确认所有闸机已设为紧急模式； （3）听从值班站长安排，在站厅组织乘客疏散； （4）接收到站台乘客疏散完毕的信息后，最后确认站厅乘客全部疏散，并在出站后报车控室； （5）听从值班站长安排
售票员（2）	（1）接到火警通知后收好钱和票，关闭票厅电源，赶到现场协助灭火，通知后，确认闸机进入紧急模式，打开边门，利用手提广播疏导乘客出站； （2）确认已关停电扶梯； （3）到出口拦截乘客并做好解释工作，阻止乘客进站； （4）听从值班站长安排
巡视岗	（1）接到火警通知后赶到现场协助灭火，接到执行火灾应急疏散处理程序的通知后，确认到达站台从远离火灾的一端疏散站台乘客，关停站台扶梯； （2）当站台停有列车时，立即通告司机火灾信息，可将站台乘客疏散到列车上，并通知司机立即关闭列车车门； （3）确认站台乘客全部疏散完毕，并报车控室； （4）听从值班站长安排
保洁、商铺等驻站人员	（1）接到通知后立即赶到现场协助灭火； （2）确认火灾不可控制后，保洁员到车控室拿"安民告示"，到出入口进行张贴，并关停出入口扶梯，待消防队到来后，引导到现场灭火； （3）其他驻站人员协助疏导乘客出站
司机	（1）行调通知在火灾的后方站扣车时，在站台开门待令，并做好乘客广播； （2）接到车站发生火灾的通知后，行调决定在火灾站停车时，司机做好乘客广播，通知车上乘客在该站不下车； （3）行调决定在火灾站通过时，司机做好乘客广播并加强瞭望确认进路； （4）列车停在火灾站时，不可开门，直接开往下一站
备注	① 只有一个票厅岗的车站，由值班站长安排人员负责安全售票员（1）或（2）的应急工作； ② 有需要时进行门禁紧急释放按钮操作，保障相关人员可以顺利地进出车站设备区

表 5-3-3　地铁火灾的应急处理——任务检查单

任务编号	5-3-1	任务名称	地铁火灾的应急处理		
序号		检查内容		是	否
	车厢发生火灾时的逃生方法				
1	叙述车厢发生火灾的逃生方法				
2	叙述作为站务工作人员，怎样组织乘客逃生				
	不同地点发生火灾乘客疏散的方向				
3	说明车站发生火灾乘客的疏散方向				
4	说明地铁隧道发生火灾乘客的疏散方向				
	地铁火灾的处理流程				
5	演练设备区发生火灾的处理流程				
6	演练站厅公共区发生火灾的处理流程				

1. 简述火灾逃生的方法与方向。
2. 当隧道发生火灾时，作为站务工作人员应该怎样组织乘客疏散？

防火的基本方法

为了防止产生燃烧基本条件，尽量避免发生燃烧的基本条件相互作用，总结起来，防火的方法有 4 种：阻止火势蔓延、隔绝空气、控制可燃物和消除着火源。

1. 阻止火势蔓延

这种方法的原理是避免新的燃烧条件产生，主要措施有：在燃烧物之间构筑防火墙，且保留一定的防火距离，安装安全水封和阻火器在气体管道上。

2. 隔绝空气

这种方法的原理是破坏助燃条件，主要措施有：将装有可燃物质的设备、容器密闭；向装有爆炸危险物品的容器、设备充入惰性气体进行保护。

3. 控制可燃物

这种方法的原理是破坏燃烧爆炸的基础，主要措施有：可燃材料用难燃或阻燃材料代替；可燃物储运量应限制；地面的可燃、易燃物质等应及时清除；增强通风，降低空间中可燃气体或粉尘的浓度。

4. 消除着火源

这种方法的原理是破坏燃烧的激发能源，主要措施有：将铁制工具套上胶皮；机械轴承经常润滑，防止摩擦生热；安装避雷接地装置，防止静电和雷击；在有可能发生火灾、爆炸的场所禁止一切烟火。

项目六

低压配电及照明和环控系统

任务一 低压配电系统的组成和功能

任务描述

根据用电性质不同,地铁供电系统分为两个部分:牵引变电所为主组成的牵引供电系统和以降压变电所为辅组成的低压配电与照明系统。

低压配电与照明系统在城市轨道交通中占据举足轻重的地位,它的可靠性、安全决定了通信、信号、设备监控 BAS、自动售检票 AFC、防火报警 FAS 以及消防等系统的运行质量,尤其体现在非正常工况状态下,它是地铁正常运营不可缺少的重工业要保障。

低压配电与照明系统的作用是将低压电力安全、可靠、合理地配置给各个用电负荷,具体要求如下:

安全性:能够尽量防止人身触电,保障设备的正常运行,火灾时保证供电的正常进行。

可靠性:保证地铁运营时刻的持续不间断供电,保证运营高峰时期的用电负荷容量(开关/线缆/变压器),保证良好的电力质量,保证过电流过电压的继电保护、恶劣气候下的可靠运行。

合理性:保证重点负荷的供电,经济运行,节约用电。

任务目标

- 了解低压配电系统的组成;
- 掌握低压配电系统的功能。

任务学习

城市轨道交通低压配电系统为车站站台、站厅和设备及管理用房内的机电设备、通信、信号系统等供电。车站照明系统是为车站站台、站厅、设备及管理用房、通道及区间等提供照明用电。

一、低压配电系统的组成

供配电系统均由 3 个部分组成，分别为电源（即来源）、输电线路、负荷。相应地，低压配电系统对应的三个具体的组成分别为：低压配电室开关柜、低压电缆线路、设备配电箱。

变电所内设有低压开关柜，各级设备的负荷电源都从低压开关柜接引，通过低压、电缆线路向各个用电设备配电。

1. 低压配电室开关柜

（1）低压配电室开关柜的分类

低压开关为封闭式户内成套设备，一般采用抽屉式柜体，便于运营维护，此种柜体也是目前低压柜的发展趋势，其主要名称及功能见表 6-1-1。

表 6-1-1

序号	名称	功能
1	母线柜	分配母线之间电能得传递、投切
2	馈线柜	分配电能
3	进线柜	接收电能并传递给主母线、配电母线
4	电机控制柜	风机、风阀等机电设备的控制
5	电容补偿柜	进行无功补偿、提高功率因数

（2）低压配电室开关柜的组成

从结构上划分，低压开关柜由柜体、母线、功能单元三大部分组成。

① 柜体：开关柜的外壳骨架及内部的安装、支撑架。

② 母线：一种可与几条线路分别连接的低阻抗导体。

③ 功能单元：完成同一功能的所有电气设备和机械部件（包括进线单元和出线单元）。抽屉式功能单元可以在检修时将功能单元从柜体抽出，在与开关柜完全隔离的情况下检修和操作，如图 6-1-1 所示。

项目六 低压配电及照明和环控系统

图 6-1-1 地铁变电所开关柜

2. 低压电缆线路

电缆应用于低压柜馈出至配电箱、双电源箱、控制柜回路，配电箱馈出至设备的连接，绝缘电压等级为 1 000 V。电线应用于照明设备的连接、配电箱的出线，绝缘电压为 500 V。

低烟低卤耐火型电缆或电线应用于 FASEMCS、隧道风机、回风/排烟风机、风阀、组合空调箱、排烟风机、防火阀、垂直电梯等火灾工况下。低烟无卤型电缆或电线应用于有人值守场所，保障人身安全。

3. 设备配电箱

低压配电系统提供电源至各设备的附近安装有配电箱或电源切换箱，工作人员可在设备附近的配电箱或电源切换箱上对该设备做"电源通断"或"切换操作"控制。

二、低压配电系统的功能

（1）环控设备就地控制箱。安装于车站各环控设备附近，用于维修调试各环控设备时的就地控制操作。

（2）防淹门控制柜。安装于过江隧道两端防淹门控制室及车站控制室，用于防淹门操作控制。

（3）雨水泵控制柜。安装于地下隧道入口处雨水控制室内，用于地下隧道入口处雨水泵进行控制。

（4）废水泵、污水泵、集水泵控制箱。安装于车站废水泵，污水泵，集水泵用设备附近，用于废水泵、污水泵、集水泵控制。

（5）区间隧道维修电源箱。安装于正线区间隧道内，约80 m设一台，提供隧道内设备维修作业时所需要的电源。

（6）电源配电箱、电源切换箱，即动力配电箱。安装于车站各动力用电设备（如：自动扶梯、水泵、信号设备、通信设备、自动售检票设备）附近，提供设备所需电源。

（7）防火阀电源配电箱。安装于车站防火阀相对集中处附近，提供给防火阀关闭电磁阀动作所需电源。

（8）自动扶梯紧停按钮。安装于车站控制室内，用于发生紧急情况时自动扶梯应急停机控制。

表 6-1-2　低压配电系统的组成和功能——任务检查单

任务编号	6-1-1	任务名称	低压配电系统的组成和功能		
序号	检查内容			是	否
	阐述低压配电系统的相关理论知识				
1	说明低压配电系统的组成				
2	叙述低压配电系统的功能				
	低压配电系统的基本要求				
3	说明低压配电系统电缆线路有哪些要求				
	低压配电系统的供电方式				
4	能说明低压配电系统开关柜组成				

1. 简述低压配电系统的组成。
2. 简述低压配电系统的功能。

根据本任务所学习，能写出低压开关柜的分类及功能。

任务二　照明系统的组成和功能

地下车站内终日不见自然光，因此灯光环境的设计对于空间气氛的营造举足轻重，灯光不足的黑暗环境中，眼睛无法清楚地辨识物体，但在过分明亮的光线之下也无法清楚地看清事物，过强或过弱的照度及光源布置、选型的不恰当，都会引起乘客和工作人员不适的感觉，影响人的情绪、健康、安全及装饰效果。

地铁是一个公共性的建筑，既是城市发展的功能要求，也是公共场所，设计中体现出人性化关怀是必不可少的，同时考虑建设成本和运营成本的因素，才能将地铁中光环境的设计达到最优。

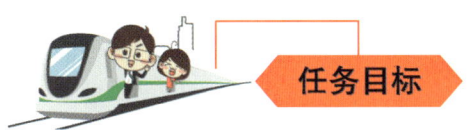

- 掌握照明系统的组成；
- 掌握照明系统的功能。

城市轨道交通低压配电系统为车站站台、站厅和设备及管理用房内的机电设备、

通信、信号系统等供电。车站照明系统是为车站站台、站厅、设备及管理用房、通道及区间等提供照明系统。

一、照明系统的组成

城市轨道交通车站照明系统采用 380 V 三相五线制、220 V 单相三线制方式供电。

1. 按照明位置分类

地铁照明系统范围为车站降压所变压后的照明设备、设施及线路，大致包括以下4部分：

（1）站台、站厅公共区的一般照明、节电照明、事故照明、广告照明，如图 6-2-1 所示。

（2）出入口的一般照明、事故照明、广告照明，如图 6-2-2 所示。

图 6-2-1 站台、站厅的照明

图 6-2-2 出入口的照明

（3）设备及管理用房的一般照明、事故照明、出入口的疏散指示照明，如图 6-2-3 所示。

图 6-2-3　设备及管理用户的照明

（4）电缆廊道及区间隧道的一般照明、事故照明，如图 6-2-4 所示。

图 6-2-4　电缆廊道及区间隧道的照明

2. 按照明属性分类

按照明属性及其作用的不同，可将照明系统分为不同的类型，主要有节电照明、标志照明、出入口照明、站台站厅照明、广告照明、事故照明、疏散指示照明等。不同属性的照明分别在不同的区域发挥其各自的作用。

3. 按照明重要性分类

地铁照明负荷按其重要性分为三个等级，此三个等级与动力设备负荷分类原则相一致。

一级负荷：节电照明、事故照明、疏散指示照明、公共区工作照明。

二级负荷：设备区一般照明、各类指示牌照明。

三级负荷：广告照明。

其中，一般照明是地铁车站通道、站厅、站台内设置灯具最多的一种照明，这种照明用来保证乘客在地铁车站里能安全地候车和上下车。

二、照明系统的功能

地铁车站中的地下光环境较为特别，主要表现在长期没有自然光，导致车站内外光度差异大。因此，在照明设计时，地下照明需经过细致的设计以保证乘客的舒适性和环境的照明。同时，车站照明应能够辅助乘客更好地完成乘车等活动，并能够保证在特殊、危险时刻的疏散活动；另外，地铁日益成为人们文化生活的一部分，车站的功能也不单纯是输送乘客，不同地区的车站也需具备一定的艺术感染力和文化性。总之，地铁照明系统在车站设备当中起着至关重要的作用。

表 6-2-1　照明系统的组成和功能 ——任务检查单

任务编号	6-2-1	任务名称	照明系统的组成和功能		
序号		检查内容		是	否
		阐述照明系统的相关理论知识			
1		叙述照明系统的组成			
2		叙述照明系统的功能			
		照明系统分类与配置			
3		举例说明照明系统有哪些种类			
		照明系统的控制			
4		能分辨照明系统的控制			

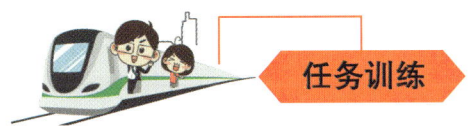

1. 简述照明系统的组成。
2. 简述照明系统的功能。

根据本任务所学习，能写出不同的照明种类。

任务三　环控系统的组成和功能

城市轨道交通环控系统，也称为通风空调系统，是采用人工的方法，创造和维持满足一定要求的空气环境，包括空气的温度、湿度、流动速度和质量。

位于地面及地上的轨道交通线路，其环控问题比较容易解决，而位于地下的轨道交通线路，除了其车站出入口等极少部位与外界相连通外，其他部位基本上与外界隔绝，只有用人工气候环境才能满足乘客的需求，因此城市轨道交通环控系统主要解决地下线路的环控问题。

为了给乘客和工作人员提供一个舒适的环境，保证各种设备能持续、正常地运行，在发生火灾等事故时能及时排除有害气体，必须在车站站厅、站台、隧道、设备及管理用房四个要求不同的环境中，通过强制通风进行散热、除湿和空气调节。

● 了解环控系统的组成部分；
● 了解环控系统的主要功能。

任务学习

城市轨道交通低压配电系统为车站站台、站厅和设备及管理用房内得机电设备、通信、信号系统等供电。车站照明系统是为车站站台、站厅、设备及管理用房、通道及区间等提供照明系统。

一、环控系统的组成

地铁环控系统包括通风系统、车站空调水系统和集中供冷系统3部分。

1. 通风系统

通风系统指空调通风系统，包括空调机、风机、风阀与风管路（风道）设备，可分为隧道通风系统、空调大系统和空调小系统。通风系统如图6-3-1所示。

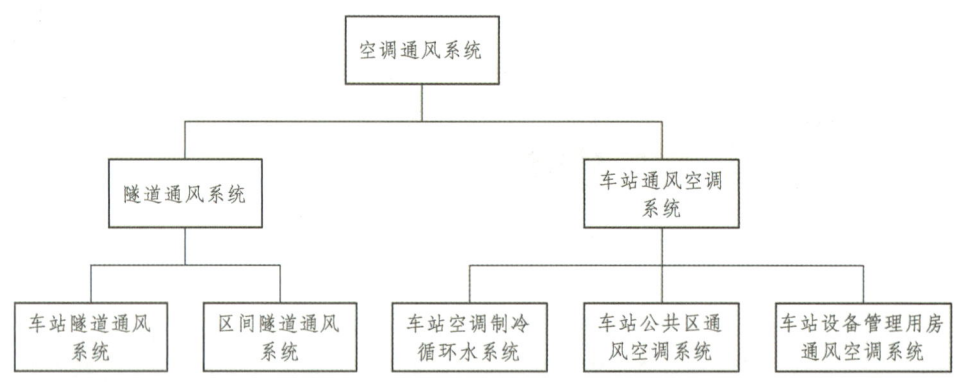

图 6-3-1 通风系统

（1）隧道通风系统分为区间隧道机械通风（兼排烟）和车站隧道通风两部分。隧道机械通风的主要设备有隧道风机、推力风机、射流风机及相关的电动风阀；车站隧道通风的主要设备为轨道排风机、电动风阀和防火阀。活塞风是列车在隧道内运行过程中的强迫气流形成的阵风，通过隧道和隧道活塞风道进出。

（2）车站站厅、站台公共区的制冷空调及通风（兼排烟）系统，简称空调大系统，由组合空调机、回/排风机、新风机、排烟风机、各种风阀及防火阀等组成。

（3）车站管理及设备用房空调通风（兼排烟）系统，简称空调小系统，由小空调机、排风/排烟风机、风阀、防火阀等组成。

2. 车站空调水系统

车站空调水系统指各车站为供给其大/小系统空调用水所设置的制冷系统，由冷水机组、水泵、冷却塔、水阀与管路等设备组成。

3. 集中供冷系统

集中供冷是指将相邻3~5个车站的空调器用冷冻水汇集到某一处集中处理。冷冻水可分为以下3部分：

（1）制冷系统环路：主要由冷水机组、冷冻水一次泵、冷却水系统及其附属设备组成。主要功能是根据运营要求所编制的时间表和各车站负荷的变化，启动或停止冷水机组的运行，为各车站提供满足空调用水要求的冷冻水。

正常运营时根据二次环路的实际冷负荷值，同时分析二次环路上的温度测点值及末端比例积分二通阀的开度，确定一次环路中冷水机组的开启台数，并进行相应的连锁控制。冷水机组的主控制器实现冷水机组与一次冷冻水泵联动，一次冷冻水泵与冷水机组成唯一对应关系。

（2）冷冻水二次环路：由二次冷冻泵、变频器、管网等组成。主要功能是实现冷冻水的远距离输送，并通过监视末端的阀门开度和压力差，计算出末端的冷负荷，从而改变二次泵的供电频率（变频）来满足车站实际冷负荷的需求，二次泵的变频由末端压差控制。

由于管路长，水网稳定性差，各站的分流管上需要加装水力平衡阀进行水力平衡和减压。

（3）末端设备：主要由各车站的组合空调器、风机盘管及前后的控制阀门组成。组合空调器（或落地式风机盘管）过水量受其出水管的比例积分二通阀控制，而控制比例积分二通阀开度的信号是由设置在站台、站厅的温度探头，经车站PLC计算后发出的。车站PLC可将站台、站厅及进出水温度通过网络传给冷站控制室。

二、环控系统的功能

列车正常运行时，调节车站站厅、站台、隧道设备及管理用房等空气环境，包括空气中的温度、湿度和空气质量，对新/回风中的粉尘和有害物质、人员呼出的二氧化碳进行过滤和处理。

若列车阻塞在区间隧道内，当列车采用空调时应向阻塞区间提供一定的送/排风量，以保证列车空调的继续运作，从而维持列车内乘客能接受的热环境条件。

列车在区间隧道或车站内发生火灾时，应提供有效的排烟，并向乘客和消防人员提供必要的新风量，形成一定的迎面风速，引导乘客安全撤离。

车站内各种设备管理用房要求提供空调或通风换气，公共排风系统兼容排烟。

表 6-3-1 环控系统的组成和功能 ——任务检查单

任务编号	6-3-1	任务名称	环控系统的组成和功能		
序号		检查内容		是	否
		阐述环控系统的相关理论知识			
1		说明环控系统的组成			
2		叙述环控系统的功能			
		环控系统分类与配置			
3		举例说明环控系统有哪些种类			
		环控系统的控制			
4		掌握环控由哪些基本系统组成			

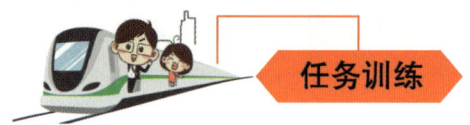

1. 简述环控系统系统的组成。
2. 简述环控系统的功能。

根据本任务所学习,能写出环控系统的组成部分。

项目七

车站机电设备监控系统

任务一 机电设备监控系统的组成

机电设备监控系统是将城市轨道交通沿线车站、区间和相关建筑内的环控、低压照明、给排水和屏蔽门等设备,以集中监控和科学管理为目的而构成的综合自动化系统。

- 掌握机电设备监控系统的组成和功能;
- 掌握机电设备监控系统的主要设备及其作用。

机电设备监控系统是将城市轨道交通沿线车站、区间和相关建筑内的环控、低压照明、给排水系统和屏蔽门等设备,以集中监控和科学管理为目的而构成的综合自动

化系统。

机电设备监控系统设控制中心和车站两级管理,控制中心为主控制中心,车站为分控制。控制结构为控制中央、车站、就地三级。地铁设备监控系统车站管理级的监控设备设置于车站控制室,控制中心管理级的监控设备设置于控制中心的中央控制室。

一、中央级

中央级设于站房综合控制室,由工作站、服务站、管理网络、电子值班系统、打印机及 USP 等组成。负责站房所有机电设备的监视和控制,并提供与 FAS 系统的通信接口,在发生火灾时接收 FAS 火灾信息执行火灾模式。

1. 工作站及服务器

系统中央级配置两台或两台以上的操作工作站,采用并列运行或冗余技术,使工作站处于热备状态,保证在故障情况下能自动投入运行,同时,根据系统的实际需要选用服务器或小型机对整个系统实现优化控制、管理以及数据备份。

系统中央级工作站或服务器还配备数据记录设备(如光盘刻录机或磁带机,作为系统历史数据备份归档用)、事件信息打印机(作为事件流水账记录使用)和报表打印机(作为全线报表输出使用)。

2. 模拟屏

系统中央级配置马赛克或背投式模拟屏,直观显示全线重要设备的运行状态、重要报警和主要运行参数等,便于协调掌握总体情况,及时发现问题。其主要显示内容有:

(1)隧道风机及推力风机的运行状态及风向。
(2)列车正线阻塞信号。
(3)接收到的 FAS 火警信号提示。
(4)各车站环控大系统的运行状态。
(5)各车站公共区温度超限报警。

3. 通信网络

通信网络由中央监控站管理网和监控网络组成,采用以太网和 TCP/IP 网络协议,管理网和监控网实现无缝集成。

中央监控站管理网采用双以太网结构。监控网络采用综合布线技术,由干线网络和各工作区域网络组成。干线网络采用多模光缆构成具有自愈功能的光纤环形工业以太网,连接中央监控站和分布在现场的工作区域网络。站房机电设备相对集中的区域组成一个区域监控网络。区域网络由工业以太网交换机、通信适配器、USP、配线架等组成 DDC、监控子系统和智能控制器就近接入，各监控子系统内部采用现场总线。

4. 与其他系统的接口

系统中央级配置与信号 ATS 的接口设备，接收列车区间阻塞信号，并完成隧道通风模式的计算。

系统中央级配置与通信的接口设备，定时与母时钟时间同步，并进一步实现系统内部各设备的同步。

二、车站级

1. 操作工作站

系统车站配置的操作工作站可实现人机界面操作功能，一般选用工业控制计算机。操作工作站应配有在线式不间断系统电源和历史（报表）打印机，如图 7-1-1 所示。

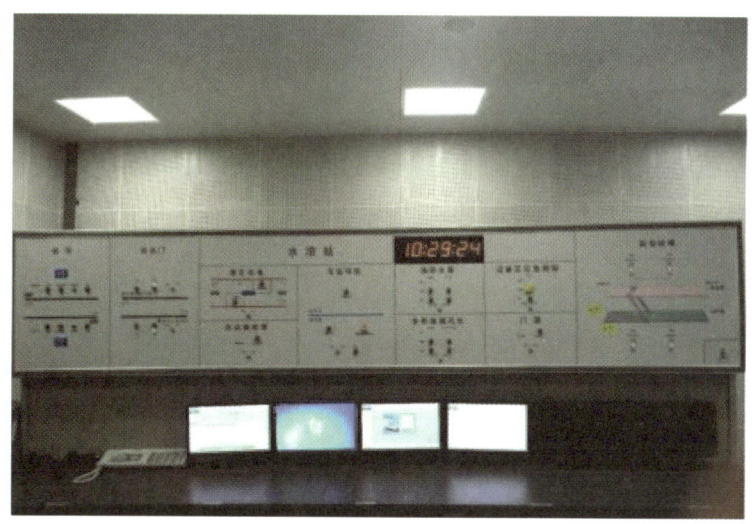

图 7-1-1　操作工作站

2. 模拟屏盘

系统车站模拟屏盘（见图 7-1-2）是系统在紧急情况下（如车站工作站故障或火灾等）的后备操作手段，盘面以火灾及紧急工况操作为主。车站级模拟屏盘采用按键式，操作程序简便直接。当车站或所辖区间发生火灾或列车阻塞等情况时，由环调授权车站操作人员按不同的事故区域在模拟屏盘上启动相对应的应急模式。模拟屏盘通过硬线连接到控制器的 I/O，实现对本车站及辖区间环控及救灾有关机电设备的控制。车站级模拟屏盘上设有投入/切除钥匙开关，利用此开关可以实现模拟屏盘控制功能的投入和切除，防止出现误操作。

图 7-1-2　模拟屏盘

3. 与 FAS 的接口

车站级设有相应的接口设备,以接收车站 FAS 发送的车站火警信息,并根据火警信息的内容自动选择并执行相应的车站火灾运行模式。

4. 维修工作站

为了实时监视机电设备监控系统的运行情况,提高系统运行的可靠性,及时发现并排除故障,减少故障的维修时间,在维修基地(一般设在车辆段)的系统维修车间及控制中心设备房应分别设置维修工作站。维修工作站是系统维修人员专用的远程维修终端,可赋予最高的操作级别和一定的软件修改权限。即可以对系统软件进行维护、组态、运行参数的定义、系统数据库的形成及用户操作画面的修改和添加等工作;可以监视全线系统的运行情况,对现场故障及时反映,迅速组织系统抢修;可以为系统开发和优化提供平台,减少对在线系统运行的影响。

三、现场级

1. DDC 现场控制器

在机电设备相对集中的现场设置 DDC,完成对通风、空调、给排水设备等的监控。DDC 采用以太网及 TCP/IP 网络技术,直接接入监控层工业以太网,内嵌 Web 服务器,无须特殊软件,只需使用通用浏览器(如 IE),便可以进行基本监控。扩展灵活方便,通过内部总线即可扩展输入/输出模块。

现场控制器须具备:软件连锁保护装置;控制被控对象设备顺序动作;冗余设备故障切换控制;冗余设备运行时间平衡计算及选择执行。系统各种运行参数的采集及储存等功能可通过一定的计算来实现优化控制和各种模式的控制。对中央级下达的控制指令和控制模式、设定值的更改和其他关联参数的修正,也由现场控制器处理后运行。

2. 现场传感器和执行机构

现场层包括各种传感器、智能仪器仪表、执行机构等,负责机电设备运行状态的数据采集,包括模拟量、交流量、开关量、脉冲量、数字量等。接收控制器和上级主站的命令,通过开关、阀门(执行器)、调节器等输出控制。

表 7-1-1　机电设备监控系统的组成 ——任务检查单

任务编号		7-1-1	任务名称		机电设备监控系统的组成		
序号			检查内容			是	否
			机电设备监控系统的概念				
1		叙述机电设备监控系统的定义					
2		叙述地铁设备与机电设备监控系统的联系					
3		叙述地铁机电设备监控系统的主要设备					
			机电设备监控系统				
4		叙述中央级设备的组成					
5		叙述工作站及服务器的功能					
6		叙述机电设备监控系统的监控对象					
			地铁机电设备监控系统维修工作站的功能				
7		叙述地铁机电设备监控系统维修工作站的功能					

1. 简述地铁机电设备监控系统的主要设备及其作用。
2. 简述地铁机电设备监控系统维修工作站的功能。

任务二　机电设备监控系统的主要功能

任务描述

机电设备监控系统（BAS）是以专门的地铁环境通风空调及防灾处理等理论为基础的自动化控制系统，利用分布式微机监控系统对地铁车站及区间隧道内的空调通风、给排水、照明、电梯、自动扶梯、导向标识等机电设备进行全面的运行管理与控制，保证车站、区间、隧道内各种正常运营保障设施和事故紧急防灾设施的安全可靠运行。在发生火灾或列车阻塞等事故情况下，与火灾报警系统密切配合，能够及时迅速地进入防灾运行模式，根据火灾报警系统发送的着火点信息或列车自动控制系统发送的阻塞点信息自动调度送风和排风，进行通风排烟，引导人员疏散，能使有关救灾设施按照设计的工况运行，保障人身安全，极大地提高地铁运营的智能化和安全性。

系统以节能为特色，综合考虑列车、客流、车站设备、通风等影响空调通风系统负荷的各种因素，根据地铁热环境变化的规律，对空调通风系统的全年运行方式自动进行调整，不仅可以保障地铁车站机电系统设备的安全可靠运行，创造安全、舒适、高效的乘车环境，而且能降低空调通风系统的运行能耗，减少地铁运营成本。

任务目标

- 了解 BAS 系统的组成；
- 掌握 BAS 系统的功能。

任务学习

一、机电设备监控系统的组成

机电设备监控系统（BAS）通常由中央级、车站级、就地级三级组成，可实现对环控、给排水、自动扶梯、低压供电、照明及屏蔽门等设备的监控。

二、机电设备监控系统的功能

1. 监视操作功能

（1）环境参数湿度监视。

（2）设备启停控制及监控。
（3）调校设定点。
（4）修正时间控制程序。
（5）执行或接通有关监控点的报警状态。
（6）执行或停止有关监控点的时间记录/趋势记录。
（7）调整有关 PID 控制回路的参数设定值。
（8）设定假期表、修正系统的时间。
（9）输入临时性的超载控制表。
（10）加入或更改模拟量输入点的报警门值/危险门值的数值。
（11）检查报警及提示报警上下限数值。
（12）执行或终止执行任务的"工作次序"。

2. 模式控制

机电设备监控系统按照线路的运行模式可分为正常运行模式和防灾阻塞模式。当 BAS 收到 FAS 火灾报警信息后优先执行防火阻塞模式。

3. 节能控制

监控系统节能软件允许用户根据现场情况而做出相应的设定，实现优化控制。
（1）每日的预定时间表。
（2）每年的预定日程表。
（3）假期如春运的安排表。
（4）临时超越控制安排表。
（5）最佳启/停功能。
（6）夜间设定点自动调节控制。
（7）温度设定点的重置。
（8）冷冻机组/热交换的组合及次序控制。
（9）用电量高峰期的限制等。

4. 报警管理

报警管理包括监察、缓冲、储存及将报警送至指定的操作站上。报警系统覆盖系统中引发报警的任何事件以及操作人员采取的应对措施。状态改变也可以产生一段信息传递给操作人员。操作人员定义报警对象，然后将其与系统中的信号相连。当其状态改变时，数字信号触发报警。模拟信号的值与规定的高、低限值相比较，如果超出界限则报警。

5. 时间管理

接收 GPS 对时信号，并对整个系统进行对时，保证系统中所有自动化设备和装置具有统一、正确的时间。提供时间日历表，对设备进行时间控制。这些功能可以用来启动和停止设备间的不同设备;时间表能与列车运行图配合,为行车提供更好的服务。

6. 历史记录

历史记录是用来自动记录并存储系统中发生的每一事件。系统中所有事件均被自动记录。历史记录可跟踪诸如对象的创建/编辑/删除、报警前的事件、登录和退出等事件进程。设备机电设备监控系统能够自动启动存储下列事件:

(1)报警激发、确认、复位、解除和互锁。
(2)记录对象的更新、变换及删除。
(3)登录。
(4)退出。
(5)文件对象的改变。
(6)对物理单元下达命令,命令的下载和上达。
(7)配置命令。

7. 趋势记录

是否需要趋势记录可根据具体的对象和处理/显示的需要而定。趋势记录具有让操作者不仅知道整个系统目前的运行情况,而且具有可了解过去所发生的事情的功能。

将各控制子站所采集的历史数据送入中央管理计算机,管理员就能在中央管理计算机上观察站房机电设备系统在过去运行的性能变化曲线。

8. 电子值班功能

系统故障报警等通过 GSM/GPRS 拨号、短信方式,远程通知值班人员或相关人员,从而可以大大降低调度人员劳动强度,提高劳动生产率。

表 7-2-1 机电设备监控系统的主要功能——任务检查单

任务编号	7-2-1	任务名称	机电设备监控系统的主要功能		
序号		检查内容		是	否
		机电设备监控系统的功能			
1		叙述机电设备监控系统的功能			
		机电设备监控系统的组成			
2		叙述机电设备监控系统的组成			

1. 简述机电设备监控系统的组成。
2. 简述机电设备监控系统的功能。

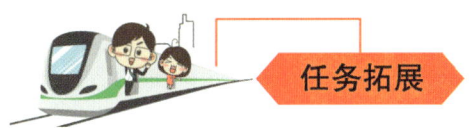

机电设备监控系统的运行方式为 24 h 无间断自动运行，按控制功能及权限不同可分为中央级、车站级和就地级三级。中央级工作站由环调使用并负责日常管理；车站级工作站由车站站务人员使用并负责日常管理。机电设备监控系统维修工班全面负责机电设备监控系统的维修和故障处理，确保机电设备监控系统的正常使用。

任务三 综合监控系统的认知与运营管理

综合监控系统（Integrated Supervisory ControlSystem，ISCS）是一个高度集成的综合自动化监控系统，主要通过集成轨道交通多个主要强弱电系统，形成统一的监控层硬件平台和软件平台，从而实现对轨道交通主要强弱电设备的集中监控和管理功能，实现对列车运行情况和客流统计数据的关联监视功能，最终实现各相关系统之间的信息共享和协调互动功能。通过综合监控系统的统一用户界面，运营管理人员能够更加方便、有效地监控管理整条线路的运营情况。

● 掌握综合监控系统的主要功能；

- 了解综合监控系统的应用；
- 了解城市轨道交通的运营管理模式。

一、综合监控系统主要功能

现阶段，城市轨道交通工程综合监控系统主要包括信号系统、传输系统、广播系统、电力控制系统等。综合监控系统通常采用集成或者互联的手段进行监控，保证信息互通、资源共享、优化工程设备、减少综合投入，从而促进我国城市轨道交通建设的快速发展。其主要包括以下功能：

（1）对电力进行监控的功能

电力系统的运行状态，电力设备的性能是否稳定。比如，开关是否处在正确的位置，电压是否正常、稳定，电流强度是否合适，有没有出现故障等；对开关设备的操作，包括分开与闭合两部分；监控开关的保护装置，通过对其操作来实现保护复归；对于供电系统中的保护软压板，需要以系统的运行方式来对其进行投退操作；对系统故障进行监控，需要记录下所有的故障发生的时间、故障原因、位置等。

（2）火灾自动报警功能

综合监控系统监视车站 FAS 系统设备的主要运行状态、火灾报警。并显示具体报警部位。接收中央级发送的消防指令，实现广播信息系统、乘客信息系统等相关系统的联动协调工作。

（3）节能降耗

为轨道车辆综合监控系统提供一个合理的运行机制，并优化轨道车辆运行的设备，从而做到减少能源的损耗，降低运营成本，促进我国城市轨道交通建设的快速发展。

二、综合监控系统的应用

控制中心对城市轨道的行车路线、环境、客流、服务等车站内相关运行设备进行全方面的监控，从而保证在发生问题时可以及时处理。综合监控系统的主要功能是将直接监控系统与运行联动系统划分成两个部分。直接监控系统是由车站相关工作人员进行操作管理，运行联动系统则是由相关事件互相触碰而产生的。此外，车站还要做好综合监控系统在控制中心的配置工作，主要包括了以下几点：

1. 行车调度

主要是指车辆在轨道运行过程中，对广播信息系统等进行监控，从而保证轨道车辆运行的稳定性。

2. 电力调度

通过监视变电所将轨道车辆的运行过程进行监控，对轨道车辆的高压、中压、低压等设备监控，并根据当地电网系统为轨道车辆的供电服务提供保障。

3. 防灾调度

监控轨道车辆运行的全过程，保证车内环境、客流无异常状况，如果发现问题需要及时予以解决。

4. 维修调度

对轨道车辆运行涉及的全部设备系统进行实时监控，保证设备正常运行，如果发现问题需对其立即实施维护修理工作，从而快速处理故障问题。

5. 网络管理

根据轨道交通运行状况，制定对应的网络管理系统。

车站控制室设置综合监控工作站，主要服务对象是车控室值班人员，主要是实现集成系统的原有全部监控功能，包括：广播信息系统、乘客信息系统，闭路电视监控系统、信号系统等的监控。监视本车站所管辖范围内的乘客信息、环境参数、供电情况、灾害状况、设备运转等情况，根据授权可以监视相邻车站信息。车站值班人员通过车站操作站实现与综合监控系统的人机界面交互，对本车站所辖范围内的被控对象进行有效地监控。在车站控制室，各值班员操作站具有相同的软件和硬件配置，车站值班员可以通过不同的用户 ID 标识登录，进入值班员的人机界面，获取相同的操作权限，实现车站各集成互联子系统的图形化界面管理，车站值班员日常运营所需的各种功能。

三、城市轨道交通的运营管理模式

城市轨道交通的运营管理模式应该与该城市轨道交通的规模和技术管理能力相匹配。在运营线路较少或技术管理能力尚不充裕的情况下，由一家运营单位负责全部轨道交通线路的运营管理，是一种经济合理的组织管理模式。随着运营线路的增加和运营管理经验的积累，设立多家运营单位管理不同轨道交通线路是必然的选择。

目前，国内轨道交通领域主要有集中式、分线式和混合式等三种运营管理模式，见表 7-3-1。

（1）集中式是指全部轨道交通线路的运营调度和维护管理由同家运营单位承担的模式。目前，国内新建地铁线路的城市大多采用集中式管理模式。

（2）分线式是指按线路划分运营管理单位的方式，不同的运营单位分别承担指定线路的运营调度和维护管理职责。目前，北京、深圳等轨道交通规模较大的城市采用分线式管理模式。

（3）混合式是指部分管理职责采用集中式，其他部分管理职责采用分线式的管理模式。如上海地铁，其运营调度部分管理职责采用"1+4"的分线管理模式，全部13条轨道交通线路分别由四家运营单位负责运营，而维护管理职责中的供电、通信、信号和工务专业则由维护保障中心集中管理，其他机电专业如火灾自动报警系统（FAS）、机电设备与环境监控系统（EMCS）、自动售检票系统（AFC）、门禁系统、屏蔽门或安全门、车站给排水和环控系统、电梯和自动扶梯等的维护管理工作则分别由四家运营公司按线路承担。

表 7-3-1　国内城市轨道交通运营管理模式

	集中式	分线式	混合式
运营管理特征	由同一家单位承担全部的运营调度和维护管理职能	由不同单位分别承担不同线路的运营调度和维护管理职能	部分管理职能由一家单位统一承担，其他职能由多家单位按线路分别承担
运营管理效率	高效	较高	较高
适用范围	轨道交通线网规模较小的城市	轨道交通线网规模较大的城市	轨道交通线网规模较大的城市

四、综合监控系统集成的设计

基于运营管理模式的综合监控系统集成设计，应首先把线路运营单位的管理职责和管理需求作为系统设计的基础。

由于综合监控系统是一个专业且功能高度融合的集成平台，车站级系统和中央级系统是紧密联系的有机整体，不宜分割管理，因此，综合监控系统集成设计的范围应限定在线路运营单位的管理范围之内，以确保建成后的系统不会陷入分制移交给多个管理单位的窘境。一旦分割移交则必将产生跨单位管理等诸多问题，不仅影响综合监控系统技术优势的发挥，更会造成管理协调上的困难。以上海地铁7号线为例，其采用的国产化综合监控系统平台技术先进，达到国际同类系统产品水平，但其集成的电力监控系统、机电设备与环境监控系统、火灾自动报警系统等分属不同的管理单位，系统建成后不得不分割移交，不仅影响应用效果，还给后续的运营管理带来不便。

基于运营管理模式的综合监控系统集成设计应该是在充分研究线路运营单位管理职能后，根据技术可实施性和相关国家标准规范而设计的定制系统。也就是说，在技术条件相同的情况下，综合监控系统的集成方案应根据不同的运营管理模式分别设计。表 7-3-2 给出了基于国家标准 GB50637 的不同运营管理模式下的集成设计方案。

表 7-3-2　综合监控系统集成的设计方案

运营管理模式	集中式	分线式	混合式（以上海地铁为例）
集成设计方案	集成电力监控系统、机电设备与环境监控系统、火灾自动报警系统、互联通信系统相关专业、信号系统、自动售检票系统、门禁系统	集成电力监控系统、机电设备与环境监控系统、火灾自动报警系统、互联通信系统相关专业、信号系统、自动售检票系统、门禁系统	集成机电设备与环境监控系统、火灾自动报警系统、互联自动售检票系统、门禁系统

从表中可以看出，在集中式和分线式管理模式下，综合监控系统的集成设计并无差异。这是因为不管是集中式还是分线式，线路运营单位的管理职责均覆盖综合监控系统各集成专业。但混合式（以上海地铁为例）就不同，由于线路运营单位的管理职责限定，综合监控系统集成设计方案需要作适应性调整。

虽然目前采用混合式管理模式的地铁企业不多，但随着轨道交通的建设和线网规模的不断扩张，越来越多的城市将面临运营管理模式调整的实际需求。提前开展基于运营管理模式的系统集成设计研究，将有助于全面理解和正确把握运营管理模式调整对综合监控系统的影响。

表 7-3-3　综合监控系统的认知与运营管理 —— 任务检查单

任务编号	7-3-1	任务名称	综合监控系统的认知与运营管理		
序号	检查内容			是	否
	综合监控系统主要内容				
1	叙述综合监控系统功能包括（对电力系统进行监控、火灾自动报警功能、节能降耗）				
	综合监控系统的应用				
2	叙述车站需做好综合监控系统在控制中心的配置工作				
3	叙述车站控制室设置综合监控站的服务对象和监控职能				
	城市轨道交通运营管理模式				
4	叙述城市轨道交通运营管理模式				
5	叙述基于运营管理模式的综合监控系统集成设计				

1. 简述综合监控系统的主要功能。
2. 简述城市轨道交通运营管理模式。

正常情况下，机电设备监控系统处于全自动运行，无需人为介入运行，各使用单位按各自权限和责任通过机电设备监控系统对车站设备的运行状态进行监控，并按要求打印设备运行报表。根据运营需要，环调可对系统参数进行修改，如时间表、模式边界转换条件等参数，并可人为启动相关设备。

车站操作人员仅对本站内设备进行监控，并检查实际设备的运作情况，若需操控设备，可报告环调，经环调授权后，方可对设备进行操控。

参考文献

[1] 毛宝华. 城市轨道交通规划与设计[M]. 北京：人民交通出版社，2006.
[2] 林瑜筠. 城市轨道交通运输设备[M]. 北京：中国铁道出版社，2010.
[3] 姜家吉. 城市轨道交通车站设备[M]. 北京：中央广播电视大学出版社，2010.
[4] 何宗华. 城市轨道交通车站机电设备运行与维修[M]. 北京：中国建筑工业出社，2005.
[5] 廉迎战，郭莉. 地铁车站照明配电系统优化设计[J]. 电工技术杂志，2004.
[6] 朱忠民. 智能化低压配电系统的特点及典型应用[J]. 电气应用，2006（11）.
[7] 姜家吉. 城市轨道交通车站设备[M]. 北京：中央广播电视大学出版社，2010.
[8] 王晓飞，黄健中. 城市轨道交通车站设备[M]. 合肥：中国科学技术大学出版社，2014.
[9] 钟艺，余振. 城市轨道交通车站设备[M]. 成都：西南交通大学出版社，2015.
[10] 张莹，吴冰. 城市轨道交通车站设备[M]. 北京：电子工业出版社，2011.
[11] 邱薇华，谭晓春，谭复兴. 城市轨道交通车站设备[M]. 北京：中国铁道出版社，2012.
[12] 仇海兵. 城市轨道交通车站设备[M]. 北京：人民交通出版社，2011.